한국에서 외국인과 마주치다

한국에서 외국인과 마주치다

글·그림 **라이언**

토마토 출판사

1. 한국에서 외국인과 마주치다 _7

2. 외국인 친구, 한국을 방문하다 _49

TICKETS

1. 한국에서 외국인과 마주치다

길 안내하기

당신이 살고 있는 동네는 평소 외국인이 잘 오지 않는 곳입니다. 어느 날 퇴근을 하고 집으로 가고 있는데 한 외국인이 한 손에는 큰 캐리어 가방을, 다른 손에는 핸드폰 지도를 들고 길을 찾고 있더라구요. 당신과 눈이 마주치자 그 외국인은 'XO 호스텔'이 어디인지 물어보는데 당신도 잘 모르는 곳이에요. 이 외국인에게 어떤 말을 하겠습니까?

Choice A	Choice B
제 핸드폰으로 찾아 드릴게요 Go to Page 10	어디에 있는지 몰라요. Go to Page 11

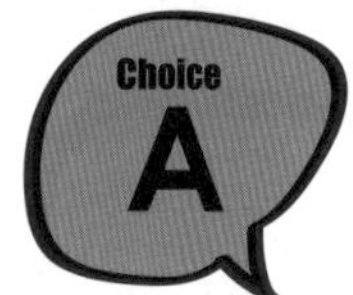

Let me find it on my phone.

제 핸드폰으로 찾아 드릴게요.

Let me~ 는 '제가~ 해 드릴게요'라는 뜻으로 상대에게 공손하게 무언가를 해 주겠다고 제안하거나 허락을 구할 때 쓰는 표현이에요. **Let me** 뒤에는 항상 동사의 기본형을 써 주세요.

예 문

Let me **help you.** 제가 도와드릴게요.

Let me **call you back.** 다시 전화 드릴게요.

Let me **give you a ride.** 제가 태워 드릴게요.

Dialogue

A: Do you know where XO Hostel is? XO 호스텔이 어디에 있는지 아세요?

B: Let me find it on my phone. 제 핸드폰으로 찾아 드릴게요.

A: Thank you so much. 너무 감사합니다.

이 상황에서는 이렇게 말할 수도 있어요.

- 전화 번호 있어요? 전화해서 물어 볼게요.
  ▶ Do you have the phone number? I'd better call and ask.
- 근처 부동산에 물어보면 어디에 있는지 알 거에요.
  ▶ A nearby real estate agent must know where it is.
- 이름이 어떻게 된다구요? 한국어로 검색해 볼게요.
  ▶ What's the name in Korean? I'll google it in Korean.
- 마침 그 쪽으로 가고 있어요. 같이 가요.
  ▶ I'm going the same way. Come with me.

I have no idea where it is.

어디에 있는지 몰라요

I have no idea를 단어 그대로 해석하면 '나는 생각이 없다'가 되잖아요? 이 표현은 아무 생각이 없다는 뜻이 아니라 I don't know처럼 '정말 잘 모르겠다' 는 의미에요. I have no idea. 라고 단독으로 쓰기도 하고 예시 문장처럼 뒤에 목적어를 붙여서 쓰기도 해요.

예 문

I have no idea **where I should go.** 어디로 갈 지 모르겠어요.

I have no idea **what you're talking about.** 무슨 말씀을 하는지 모르겠군요.

I have no idea **when the bus is coming.** 언제 버스가 오는지 모르겠어요.

Dialogue

A: Excuse me. Do you know where XO Hostel is?

실례합니다. XO 호스텔이 어디에 있는지 아세요?

B: I have no idea **where it is. Sorry.** 어디에 있는지 몰라요. 죄송합니다.

A: That's okay. Thank you. 괜찮아요. 감사합니다.

이 상황에서는 이렇게 말할 수도 있어요.

- 저도 여기가 처음이에요. 잘 몰라요.
  ▶ I'm new to this area. I don't know where it is.
- 그런 호텔 이름은 처음 들어 봐요. 여기가 맞아요?
  ▶ Never heard of that hotel. Are you sure it's here?
- 앞 똑바로 보고 다녀요!
  ▶ Watch where you're going!
- 저 영어 못해요. 미안해요.
  ▶ I can't speak English well. Sorry.

Practice 1 주어진 표현을 이용해서 문장을 완성해 보세요.

~ 할게요 / Let me ~

1	당신을 위해 요리를 할게요. cook for you	Let me ________.
2	당신에게 초콜릿 한 박스를 보낼 게요. send you a box of chocolates	Let me ________.
3	제 말을 잘 들어 보세요. tell you something	Let me ________.
4	제가 어디서 사는 지 보여 드릴게요. show you where I live	________.

~ 를 모르겠어요 / I have no idea ~

1	그 책이 어떤 내용인지 모르겠어요. what the book is about	I have no idea ________.
2	그가 어디로 가는 지 모르겠어. where he's going	I have no idea ________.
3	그녀가 무엇을 원하는 지 모르겠어요. what she wants	I have no idea ________.
4	그녀가 언제 오는지 모르겠어. when she's coming back	________.

Practice 2 주어진 표현을 이용해서 대화를 완성해 보세요.

A: Do you know where Stardust Coffee is?

B: 1.어디에 있는지 모르겠네요. (where it is) Never heard of it before.

A: Google Map says it's right here.

B: 2.한국 앱을 사용해 볼게요. (use a Korean App)

A: Thank you.

B: Oh, here it is. It moved to the next block months ago.

외국인에게 주문 받기

당신은 오늘부터 이태원에 있는 돼지 갈비 식당에서 아르바이트를 시작합니다. 식당 서빙 아르바이트가 처음이라 잔뜩 긴장 하고 있는데 첫 손님으로 외국인 2명이 들어 왔어요. 다른 아르바이트 생이 있지만 영어 울렁증이 있어서 당신이 주문을 받아야 합니다. 친절하게 외국인 손님을 맞이하겠습니까? 아니면 가급적 영어를 안 쓰도록 영어 메뉴를 던져 주겠습니까?

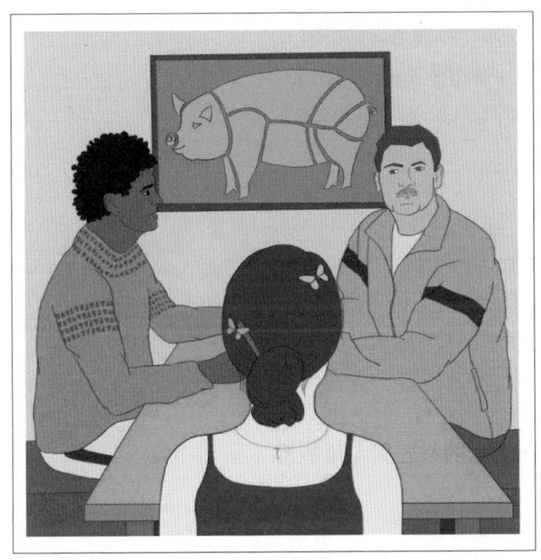

Choice A	Choice B
뭘로 드릴까요? Go to Page 14	영어 메뉴 여기 있습니다. Go to Page 15

What can I get for you?

뭘로 드릴까요?

What can I ~ ?는 '무엇을 ~ 해 드릴까요? 혹은 '제가 무엇을 ~ 할까요?'라는 의미로 공손하게 상대의 의향을 물어보는 표현이에요. 특히 이 문장은 점원이 손님에게 자주 하는 말입니다. **What** 대신에 여러분이 물어보는 내용에 따라서 **Where**(어디), **How**(어떻게), **When**(언제) 등의 의문사를 넣을 수 있어요.

예문

What can I do for you? 무엇을 해 드릴까요?

What can I help you with? 뭘 도와 드릴까요?

What can I call you? 당신을 어떻게 부를까요?

Dialogue

A: What can I get for you? 뭘로 드릴까요?

B: Two regular coffees, please. 레귤러 커피 두 잔 주세요.

A: Anything else? 또 필요한 건 없으세요?

이 상황에서는 이렇게 말할 수도 있어요.

- 저희 식당 처음이세요? 혹시 한국 음식은 드셔 보셨어요?
  ▶ Is this your first time to eat in our restaurant? Have you ever tried Korean food?
- 한국어 읽을 줄 아시나요? 영어 메뉴나 그림 메뉴가 없거든요.
  ▶ Can you read Korean? We don't have an English menu or a menu with pictures.
- 이거 좀 매워요. 괜찮으시겠어요?
  ▶ This is spicy. Is it okay?
- 도움이 필요하면 말씀해 주세요.
  ▶ Let me know if you need help.

Here's an English menu.

영어 메뉴 여기 있습니다.

Here's ~ 는 '여기 ~ 있습니다'라는 뜻으로 상대에게 무언가를 건네 줄 때 쓰는 표현이에요. **Here you are.** 혹은 **Here it is.** 역시 '여기 있습니다'라는 의미로 무언가를 전달하면서 하는 말이에요.

예 문

Here's your receipt. 영수증 여기 있습니다.

Here's your bag. 가방 여기 있습니다.

Here's your key. 열쇠 여기 있습니다.

Dialogue

A: Is this your first time here? 여기 처음이세요?

B: Yes, it is. 네.

A: Here's an English menu. Let me know if you have any questions.
여기 영어 메뉴 있습니다. 궁금한 거 있으면 말씀해 주세요.

Say It More 이 상황에서는 이렇게 말할 수도 있어요.

- 선불입니다.
  ▶ You gotta pay in advance.
- 자판기로 주문하셔야 해요. 음식 사진도 있어요.
  ▶ You should use the kiosk. You can see pictures of the food.
- 물은 셀프에요. 저 쪽에 정수기 있어요.
  ▶ You gotta get your own water. The water fountain is over there.
- 필요한 게 있으면 구글 번역기를 써 주세요.
  ▶ Use Google Translator if you need help.

Practice 1 주어진 표현을 이용해서 문장을 완성해 보세요.

무엇을 ~ 해 드릴까요? / What can I ~ ?

1	결혼식에서 무엇을 불러 드릴까요? sing at the wedding	What can I ______________________?
2	당신 어머니를 위해 무엇을 사 드릴까요? buy for your mom	What can I ______________________?
3	신었던 양말을 어디에 둘까요? leave my dirty socks	Where can I ______________________?
4	제가 당신은 언제 볼 수 있을까요? I see you again	______________________?

여기 ~ 있습니다 / Here's ~

1	편지 여기 있습니다. the letter	Here's ______________________.
2	술 여기 있습니다. your drink	Here's ______________________.
3	스테이크 여기 있어요. your steak	Here's ______________________.
4	스카프 여기 있습니다. the scarves	______________________.

Practice 2 주어진 표현을 이용해서 대화를 완성해 보세요.

A: Good morning. How are you guys doing?

B: We're good. Thank you.

A: Good. 1. 뭘로 드릴까요? (get for you) 2. 그림이 있는 영어 메뉴 여기 있어요.(an English menu with pictures)

B: That's nice. We'll have BBQ chicken with spicy sauce.

A: Any drinks?

B: Two draft beers. Pints, please.

무례한 외국인에게

당신은 지금 버스 정류장에 있습니다. 늦잠으로 지각을 할 것 같은데 버스는 감감 무소식이군요. 설상 가상으로 정류장에 서 있는 외국인이 전자 담배를 피기 시작합니다. 정류장에는 당신 말고도 다른 사람들이 있지만 이 외국인에게 아무 말도 하지 않는 군요. 당신이 인상을 찡그리며 고개를 돌리는데 험상궂은 표정의 이 외국인과 눈이 딱 마주쳤어요. 그가 무슨 말을 하기 전에 당신이 먼저 뭐라고 해야 할 분위기 입니다. 무슨 말을 하시겠어요?

Choice A	Choice B
아무 말도 안 했어요. Go to Page 18	**여기서 담배 피우면 안 됩니다.** Go to Page 19

I swear I didn't say anything.

아무 말도 안 했어요.

swear는 '맹세하다'라는 뜻이에요. **I swear I didn't ~**는 '절대로 ~ 하지 않았어요'라는 의미로 자신이 어떤 일을 하지 않았다고 강력하게 부인할 때 쓰는 말이에요.

예문

I swear I didn't **do it.** 절대로 그렇지 않았어요.

I swear I didn't **eat the cookie.** 정말 쿠키를 먹지 않았다구요.

I swear I didn't **go out today.** 오늘 정말 외출을 안 했어요.

Dialogue

A: What did you say? 뭐라고 했어요?

B: I swear I didn't say anything. 절대 아무 말도 안 했어요.

A: Then why are you staring at me like that? 그럼 왜 그렇게 날 쳐다보는 거죠?

Say It More 이 상황에서는 이렇게 말할 수도 있어요.

- 아무것도 아니에요. 죄송해요.
  ▶ It's nothing. Sorry.
- 담배 펴도 돼요. 담배를 필 권리가 있는 거죠.
  ▶ You can smoke here. You absolutely have a right to smoke.
- 기분 나쁘게 해 드렸다면 정말 죄송해요.
  ▶ So sorry if I offended you.
- 진짜 담배를 피는 줄 알았어요. 전자 담배는 물론 괜찮죠.
  ▶ I thought you were smoking real cigarettes. Of course, electronic cigarettes are okay.

You're not supposed to smoke.

여기서 담배 피우면 안 됩니다.

You're not supposed to ~는 '~ 해서는 안돼요.'라는 뜻으로 상대에게 어떤 행동을 하지 말라고 할 때 쓰는 표현이에요. 반대로 **You're supposed to** ~는 '~ 해야 해요'라는 뜻으로 어떤 행동을 하도록 주지시킬 때 쓰는 말입니다. 우리가 잘 알고 있는 **must** 보다는 덜 센(?) 표현이에요.

예 문

You're not supposed to **enter here.** 여기에 들어오시면 안 돼요.

You're not supposed to **take photos.** 사진을 찍으시면 안 됩니다.

You're supposed to **check out by noon.** 정오까지 체크아웃 하셔야 합니다.

Dialogue

A: What did you say? 뭐라고 했어요?

B: You're not supposed to smoke here. 여기서 담배 피우면 안됩니다.

A: I'm so sorry. I didn't know that. 정말 미안해요. 몰랐어요.

Say It More

이 상황에서는 이렇게 말할 수도 있어요.

- 당신 뒤에 어린 애기가 있는 거 안 보여요?
  ▶ Don't you see the little baby behind you?
- 한국에서 공공 장소 흡연은 금지되어 있어요. 전자 담배도 마찬가지에요.
  ▶ Smoking in public is not allowed in Korea. Same goes for electronic cigarettes.
- 지금 당장 담배 끄라고! 안 그러면 큰 일 날 줄 알아!
  ▶ Put it out right now! You'll get in trouble if you don't.
- 저기 금연 표시 안 보여?
  ▶ Don't you see the 'No Smoking' sign?

Practice 1 주어진 표현을 이용해서 문장을 완성해 보세요.

절대로 ~ 하지 않았어요 / I swear I didn't ~

1	정말 그가 오는 걸 못 봤어요. see him coming	I swear I didn't ________________.
2	절대로 일부러 그런 건 아니에요. do it on purpose	I swear I didn't ________________.
3	정말 내가 네 돈을 가져간 거 아니야. take your money	I swear I didn't ________________.
4	정말로 당신에게 거짓말 한 건 아니에요. lie to you	________________.

~ 하면 안 됩니다 / You're not supposed to ~

1	개를 안에 데려오면 안 됩니다. bring your dog inside	You're not supposed to ________________.
2	호수에서 수영하면 안 됩니다. swim in the lake	You're not supposed to ________________.
3	시험을 봐야 합니다. take the test	You're supposed to ________________.
4	자전거를 밖에 둬야 합니다. keep your bike outside	________________.

Practice 2 주어진 표현을 이용해서 대화를 완성해 보세요.

A: Excuse me, sir. 1. 공원에서 마스크를 쓰셔야 해요. (wear a mask in the park)

B: But we're outside!

A: You have to wear a mask in public areas even when you're outside.

B: I'm sorry. 2. 정말 몰랐어요. (know that)

A: Do you have a mask?

B: Yes, I do. I always keep extra masks in my backpack.

4 좋아하는 해외 스타에게 사인을 받으며

당신이 최애하는 외국 가수가 내한 공연을 한다는 소식을 들었어요. 공연 예매 선착순 100명에게는 사인회에 참여할 수 있는 기회가 주어지기에 폭풍 클릭으로 100명 안에 드는데 성공하였죠. 공연이 끝나고 이제 당신이 그와 만날 시간이 점점 다가옵니다. 사인을 받으며 그의 눈을 보면서 짧게 어떤 말을 해 주고 싶군요. 호들갑을 떨며 당신의 팬심을 솔직히 들어낼까요? 아니면 이성적으로 음악과 콘서트에 대해서만 이야기 할까요? 어떤 말을 하시겠습니까?

Choice A	Choice B
만나서 영광이에요! Go to Page 22	정말 최고의 콘서트였어요. Go to Page 23

It's an honor to meet you!

만나서 영광이에요!

It's an honor to ~ 는 '~ 해서 영광입니다'라는 의미로 자신의 기쁨을 겸손하게 표현하는 말이에요. **to** 뒤에는 어떤 일을 해서 영광인지 이유에 해당하는 말을 동사로 표현합니다. **I'm honored to** ~ 라고 해도 같은 표현이 됩니다.

예 문

It's an honor to **be here.** 여기 오게 되어 영광입니다.

It's an honor to **work with you.** 함께 일하게 되어 영광이에요.

It's an honor to **be nominated.** 후보가 되어서 영광입니다.

Dialogue

A: Your name? 이름이 뭐에요?

B: Jessi. It's an honor to meet you! 제시에요. 만나서 영광이에요!

A: Thank you. 감사합니다.

이 상황에서는 이렇게 말할 수도 있어요.

- 제 소망이 이루어진 날이에요. 내일 죽어도 여한이 없어요.
  ▶ My wish came true. I can die tomorrow.
- 당신과 이렇게 가깝게 있다니! 당신 향기 너무 좋아요!
  ▶ I can't believe I'm standing so close to you! I really love your scent.
- 사진도 같이 찍으면 안 될까요?
  ▶ Do you mind if I take a selfie with you?
- 이 손은 절대 씻지 않을 거에요!
  ▶ I'll never, ever wash my hand again!

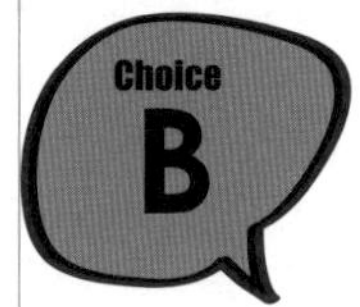

It was the best concert ever.

정말 최고의 콘서트였어요.

It was the 최상급 ~ **ever.**는 '최고의 ~ 였어'라는 뜻이에요. **ever**는 정말 최고였다는 것을 강조하는 말인데 **that I've ever seen** (지금까지 본 것 중) 처럼 길게 쓸 수도 있어요. 물론 강조하는 말이니 **ever**는 생략할 수도 있어요.

예 문

It was the best **movie** ever. 최고의 영화였어.

It was the best **party** ever. 최고의 파티였어요.

It was the greatest **book** ever. 최고의 책이었어요.

Dialogue

A: Your name? 이름이 뭐에요?

B: Jessi. It was the best concert ever. 제시에요. 정말 최고의 콘서트였어요.

A: Thank you for enjoying it. I also had a great time tonight. 감사합니다. 저도 멋진 시간이었어요.

이 상황에서는 이렇게 말할 수도 있어요.

- 당신 히트곡을 이번에 안 불러서 좀 서운했어요.
  ▶ I was a bit disappointed you didn't sing your hit song tonight.
- 립싱크 부분이 살짝 티나긴 했어요. 그것 빼고는 다 좋았어요.
  ▶ I caught you lip syncing. I enjoyed everything except that.
- 내일도 다시 올 거에요. 표도 예매했어요.
  ▶ I'll be here again tomorrow. I already bought my ticket.
- 모든 게 완벽했어요! 잊지 못할 콘서트가 될 거에요.
  ▶ Everything was perfect! It was an unforgettable concert.

Practice 1 주어진 표현을 이용해서 문장을 완성해 보세요.

~ 해서 영광이에요 / It's an honor to ~

1	당신의 팀에 들어오게 되어 영광이에요. be in your team	It's an honor to ______.
2	당신이 여기 오셔서 정말 영광입니다. have you here	It's an honor to ______.
3	나라를 위해 일하게 되어 영광입니다. serve my country	It's an honor to ______.
4	당신과 협업을 하게 되어 영광이에요. collaborate with you	______.

최고의 ~ 였어요 / It was the 최상급 ~ ever

1	정말 최고의 밤이었어요. night	It was the best ______ ever.
2	최고의 휴가였어요. vacation	It was the best ______ ever.
3	최고의 게임이었어요. game	It was the best ______ ever.
4	최고의 크리스마스였어요. Christmas	______.

Practice 2 주어진 표현을 이용해서 대화를 완성해 보세요.

A: Did you enjoy the movie?

B: I loved it. 1. 최고의 영화였어요. (movie)

A: Thank you. What's your name?

B: Jihyun. 2. 사인을 받게 되어서 정말 영광이에요. (get your autograph)

A: Here you go.

B: Do you mind if I take a selfie with you?

A: Not at all.

5 진한 애정 행각을 하는 외국인 커플에게

오늘도 당신은 퇴근 후 한강 공원을 달립니다. 남들에게는 건강을 위해서라고 했지만 사실은 연애 공백기가 길어져 허한 마음을 달래기 위해 무작정 뛰는 것입니다. 한창을 뛰고 있는데 저 멀리 벤치에서 외국인 커플이 19금에 가까운 진한 애정 행각을 벌이고 있군요. 동방예의지국의 딸 답게 그들에게 따끔하게 뭐라고 하시겠습니까? 아니면 부럽다는 생각만 하고 뜀박질을 계속 하겠습니까?

Choice A	Choice B
(혼잣말로) **나도 남자 친구가 있으면 좋겠다.** Go to Page 26	(그들에게) **아예 방을 잡지 그래요?** Go to Page 27

I wish I had a boyfriend.

나도 남자 친구가 있으면 좋겠다.

I wish ~는 자신이 바라는 것을 말할 때 쓰는 표현이에요. '~ 하면 좋겠는데'라는 뜻이 가장 적절한 표현으로 **I wish** 다음에는 과거형 동사가 이어집니다.

예문

I wish you were here with me. 당신이 여기 함께 있으면 좋겠어.

I wish I could turn back time. 시간을 돌릴 수 있으면 좋겠어.

I wish she could come home soon. 그녀가 곧 집에 올 수 있으면 좋겠어.

Dialogue

A: Look at them. He looks so hot. 저 사람들 봐. 저 남자 정말 멋지네.

B: I wish I had a boyfriend. 나도 남자 친구가 있으면 좋겠다.

A: Really? I can set you up a blind date if you want. 정말? 원하면 내가 소개팅 시켜 줄 수 있어.

이 상황에서는 이렇게 말할 수도 있어요.

- 외로워. 내일 수지에게 소개팅 시켜 달라고 해야 겠어.
  ▶ I'm so lonely. Tomorrow I'm gonna ask Suji to set up a blind date for me.
- 내가 마지막으로 키스한 게 언젠지 기억도 안 나네.
  ▶ I don't remember the last time I kissed someone.
- 앞으로는 이쪽으로 조깅을 오면 안되겠어.
  ▶ I'd better not jog in this area.
- 지섭이에게 다시 만나자고 해 볼까?
  ▶ Should I ask Jisup to get together again?

Why don't you get a room?

아예 방을 잡지 그래요?

Why don't you ~ ?는 '~ 하는 게 어때?'라는 뜻으로 상대방에게 어떤 행동을 하라고 제안할 때 쓰는 표현입니다. 물론 단어 그대로 '왜 ~ 하지 않니?' 라고 물어볼 때도 쓸 수 있어요.

예문

Why don't you **call now?** 지금 전화하는 게 어때?

Why don't you **change your hair color?** 머리 색을 바꿔 보는 건 어때?

Why don't you **talk to her first?** 그녀에게 먼저 말해 보는 건 어때?

Dialogue

A: Hey, why don't you get a room? 이봐요, 아예 방을 잡지 그래요?

B: What? Why bother? 뭐라고요? 무슨 상관이에요?

A: It's a public place. There are kids out here, too. 여긴 공공장소라구요. 아이들도 있어요.

이 상황에서는 이렇게 말할 수도 있어요.

- 아이들에게는 좋은 영향을 주진 않겠죠.
  ▶ You're definitely not a good role model to the kids.
- 한국에서는 음란한 행위를 공공장소에서 하면 안 돼요.
  ▶ Vulgar acts in public are not allowed in Korea.
- 떨어져요! 안 그러면 경찰에 신고할 거에요.
  ▶ Get your hands off each other! Or I'll call the police.
- 공공 장소에서 뭐 하는 거에요? 매너 좀 시켜요!
  ▶ What do you think you're doing in public? Learn some manners!

Practice 1 주어진 표현을 이용해서 문장을 완성해 보세요.

~ 하면 좋겠어 / I wish ~

1	내가 거기에 있으면 좋겠다. I could be there	I wish ______________________.
2	내가 돈이 충분히 있으면 좋겠다. I had enough money	I wish ______________________.
3	네 생각을 읽을 수 있으면 좋겠어. I could read your mind	I wish ______________________.
4	너처럼 중국어를 잘 할 수 있으면 좋겠어. I could speak Chinese like you	______________________.

~ 하는 게 어때? / Why don't you ~ ?

1	학교에 지원하는 건 어때? apply for the school	Why don't you ______________________?
2	새 옷을 사는 건 어때? get a new dress	Why don't you ______________________?
3	다시 시작하는 건 어때? start all over	Why don't you ______________________?
4	그녀에게 진실을 말하는 건 어때? tell her the truth	______________________?

Practice 2 주어진 표현을 이용해서 대화를 완성해 보세요.

A: Are you going to the prom?

B: I don't think so. No one's asked me yet. How about you?

A: Me neither.

B: 1. 나랑 가는 건 어때? (go with me) You have no one. I have no one, either.

A: Trust me. That's not a good idea.

B: 2. 누가 프롬에 같이 가자고 했으면 좋겠어. (someone asked me to go to the prom)

귀여운 강아지 주인에게

당신은 강아지를 매우 좋아합니다. 귀여운 강아지를 보면 바삐 가던 길을 멈추고 처음 만난 강아지 주인과 대화를 나누는 정도니까요. 오늘은 산책 길에 엉덩이가 매력적인 웰시코기를 만났네요. 강아지 주인도 인상 좋게 생긴 훈남 외국인입니다. 훈남에 대한 사심을 살짝 드러내면서 대화를 하겠습니까? 아니면 강아지에 대한 말을 주로 하겠습니까?

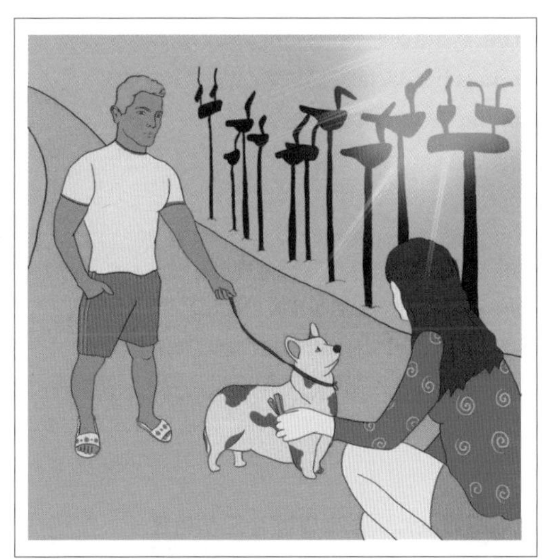

Choice A	Choice B
당신 애기 같아요. 너무 귀여워요. Go to Page 30	수컷이에요, 암컷이에요? Go to Page 31

It's like your baby. Very cute.

당신 애기 같아요. 너무 귀여워요.

It's like ~은 '~ 인 것 같아요'라는 뜻으로 자신이 받은 느낌을 전달할 때 쓰는 표현입니다. 원어민들은 말을 할 때 **like** 를 습관처럼 자주 사용하는데 '좋아한다'라는 뜻이 아니라 '~ 인 것 같은' 이란 의미로 쓰는 거에요.

예문

It's like a huge whale. 큰 고래 같아.

It's like having a serious headache. 심한 두통이 있는 것 같아.

She's like a sister to me. 그녀는 나에게 여동생 같은 존재야.

Dialogue

A: Oh my god! What's her name? 어머, 이름이 뭐에요?

B: Chuchu. Only a year old. 추추에요. 한 살 밖에 안 됐어요.

A: It's like your baby. So cute! 당신 애기 같아요. 너무 귀여워요!

Say It More

이 상황에서는 이렇게 말할 수도 있어요.

- 강아지 정말 귀여워요. 주인 닮아서 그런가 봐요.
  ▶ Your puppy is so cute. Just like its owner.
- 당신 강아지 친구 필요하지 않나요?
  ▶ Does your puppy need a friend?
- 강아지하고 옷도 세트로 입으셨네요. 정말 이뻐요.
  ▶ You and your puppy are wearing matching shirts. How adorable!
- 애견숍이 필요하면 말씀하세요. 서울에서 제일 잘 나가는 곳을 알고 있거든요.
  ▶ Let me know if you're looking for a pet store. I know one of the best stores in Seoul.

He or she?

수컷이에요, 암컷이에요?

'이것 아니면 저것' 처럼 상대방에게 둘 중에 무엇인지를 물어볼 때는 **or**를 써 주세요. 주의할 점은 **or**로 연결되는 두 단어는 성질이 비슷해야 합니다. **He or she?**에서 **he**와 **she**가 모두 대명사인 것처럼 말이죠. 그리고 **he**는 '수컷'을, **she**는 '암컷'을 의미하는 말입니다. **female**(암컷), **male**(수컷) 이라고 할 것까지는 없습니다.

예문

This way or that way? 이쪽이에요 아니면 저쪽이에요?

Mine or yours? 내 꺼야 아니면 네 꺼야?

For here or to go? 여기서 드실 거에요 아니면 포장인가요?

Dialogue

A: It's so cute! He or she? 너무 귀여워요. 수컷이에요, 암컷이에요?

B: It's a she. Her name is Chuchu. 암컷이에요. 이름은 추추에요.

A: Hi, Chuchu. Nice to meet you. 안녕 추추. 만나서 반가워.

Say It More 이 상황에서는 이렇게 말할 수도 있어요.

- 몇 살 됐어요?
  ▶ How old is she?
- 품종이 뭐에요?
  ▶ What kind of dog is she?
- 입고 있는 옷이랑 깔 맞춤 신발이 너무 이뻐요.
  ▶ I really love her dress and matching shoes.
- 이 소시지 먹여도 되나요?
  ▶ Can I give her this sausage?

Practice 1 주어진 표현을 이용해서 문장을 완성해 보세요.

~인 것 같아요 / It's like ~

1	레이의 글씨 같아요. Ray's handwriting	It's like ______________________.
2	레모네이드를 마시는 것 같아요. drinking lemonade	It's like ______________________.
3	마치 벽하고 이야기하는 것 같아요. talking to the wall	It's like ______________________.
4	아직 꿈을 꾸는 것 같아요. I'm still in a dream	______________________.

A 아니면 B / A or B

1	레드 아니면 화이트? Red / white	____________ or ____________?
2	우유를 넣을까요 아니면 뺄까요? Milk / no milk	____________ or ____________?
3	셔츠를 바지에 넣을까요 아니면 뺄까요? Tuck in / untuck	____________ or ____________?
4	좌회전 아니면 우회전? Left / right	______________________?

Practice 2 주어진 표현을 이용해서 대화를 완성해 보세요.

A: Look at this cute puppy. 1. 수컷이에요, 암컷이에요? (He / she)

B: It's a she. Her name is Lucy.

A: I love her dress. 2. 천사 같아요. (a little angel)

B: Thank you.

A: Do you mind if I touch her?

B: Go ahead. She's a people-friendly dog.

장갑을 떨어뜨린 외국인에게

장갑, 목도리, 모자 등 겨울이 되면 흘리고 다니는 것들이 많아 집니다. 당신이 지하철에 내려 계단을 오르려고 하는데 한 외국인이 장갑 한 짝을 흘리고 가는 거에요. 양 손에 짐이 많이 있어서 당신이 장갑을 직접 주워 주자니 버거울 것 같고 그냥 가자니 마음이 영 찝찝할 것 같습니다. 이 상황에서 어떻게 하시겠어요? 그리고 그 외국인에게 어떻게 말하겠습니까?

Choice A	Choice B
(직접 주워 주면서) **이걸 떨어뜨리는 걸 봤어요.** Go to Page 34	(바닥에 떨어진 장갑을 가리키며) **저거 분명히 당신 꺼 같은데요.** Go to Page 35

I saw you drop this.

이걸 떨어뜨리는 걸 봤어요.

I saw you ~는 '네가 ~ 하는 걸 봤어'라는 의미로 상대방이 한 행동을 내가 직접 보았다고 할 때 쓰는 표현이에요. you 뒤에 어떤 행동을 했는지 동사의 기본형이나 동사 + ~ing 형태를 써 주면 됩니다.

예 문

I saw you **helping the old lady.** 당신이 할머니를 돕는 것을 봤어요.

I saw you **clearing the snow.** 네가 눈을 치우는 걸 봤어.

I saw you **walking in the rain.** 네가 비를 맞으며 걸어가는 걸 봤어.

Dialogue

A: Excuse me. I saw you drop this. 저기요. 이걸 떨어뜨리는 걸 봤어요.

B: Oh, thank you. 오, 감사합니다.

A: You're welcome. 천만에요.

이 상황에서는 이렇게 말할 수도 있어요.

- 저도 장갑을 자주 잃어버려요.
  ▶ I also lose my gloves very often.
- 생각할 게 많으신가봐요.
  ▶ You must be preoccupied.
- 장갑 이뻐요. 어디서 사신 거에요?
  ▶ I really love your gloves. Where did you get them?
- 당신 게 아니라구요? 죄송해요.
  ▶ Oh, it's not yours? I'm sorry.

That **must be** yours.

저거 분명히 당신 꺼 같은데요.

'~ 해야 한다'라는 뜻의 **must**는 '~임에 틀림없다'라는 뜻으로도 많이 쓰입니다. 상대에게 확신을 가지고 말할 때 쓰는데 **must be** 는 발음을 할 때 [머스트 비] 라고 하지 않고 [머스-비] 처럼 많이 흘려야 해요.

예문

That must be true. 사실 임에 틀림없어.

That must be exhausting. 정말 피곤한 일인 게 분명해.

The diamond ring must be real. 그 다이아몬드 반지 정말로 진짜야.

Dialogue

A: Excuse me, ma'am. That must be yours. 저기요, 저거 분명히 당신 꺼 같은데요.

B: Oh, thank you. I always lose one of my gloves. 오, 고마워요. 항상 한 쪽 장갑을 잃어버리네요.

A: Well, everyone does. 다들 그러죠.

이 상황에서는 이렇게 말할 수도 있어요.

- 장갑 양 쪽에 줄을 달고 다니는 건 어때요?
  ▶ Why don't you tie a string on both gloves?
- 좋은 장갑인데 사람들이 밟고 가더라구요.
  ▶ It's a nice glove, but people stepped on it.
- 청소하는 분이 쓰레기통에 넣기 전에 가서 주우세요.
  ▶ Go and pick it up before the janitor throws it in the garbage can.
- 제가 양손에 짐이 많아서 못 주워 드리겠네요.
  ▶ I can't pick it up 'cause my hands are full.

Practice 1 주어진 표현을 이용해서 문장을 완성해 보세요.

네가 ~ 하는 걸 봤어 / I saw you ~

1	네가 그의 집을 나가는 걸 봤어. leaving his place	I saw you ______________.
2	네가 멋진 차를 몰고 있는 걸 봤어. driving a fancy car	I saw you ______________.
3	당신이 낸시를 만나는 걸 봤어요. meeting Nancy	I saw you ______________.
4	네가 내 일기장을 보는 걸 봤어. reading my journal	______________.

~ 임에 틀림없어 / That must be ~

1	간단한 게 분명해. simple	That must be ______________.
2	재미있는 게 틀림없어요. exciting	That must be ______________.
3	비싼 게 분명해. overpriced	That must be ______________.
4	다 팔린 게 틀림 없군요. sold out	______________.

Practice 2 주어진 표현을 이용해서 대화를 완성해 보세요.

A: Ma'am. I think you forgot something.

B: Excuse me?

A: Your scarf. 1. 나가실 때 이걸 떨어 뜨리는 걸 봤어요. (drop it when you left)

B: Thank you. I was so preoccupied with my thoughts.

A: And 2. 이것도 당신 것이 분명하네요. (this / yours)

B: My glove! Thank you so much.

8

내 자리에 앉아 있는 외국인에게

당신은 부모님을 찾아 뵙기 위해 부산행 KTX 에 올랐습니다. 추석 전날이라 기차 안은 매우 혼잡합니다. 입석표를 구해 통로에 서 있는 사람들도 많이 있네요. 사람들을 비집고 당신이 인터넷으로 예약한 자리로 가 보니 누군가가 앉아 있습니다. 그것도 아이를 안고 있는 외국인이군요. 이 사람에게 무슨 말을 하겠습니까?

Choice A	Choice B
제 자리에 앉으신 것 같네요. Go to Page 38	**당신 자리가 확실해요?** Go to Page 39

I think you're in my seat.

제 자리에 앉으신 것 같네요.

I think ~는 '~ 인 것 같아요'라는 뜻으로 100% 확신을 가지고 강하게 말하는 게 아니라 조금 유연하게 자신의 생각을 상대방에게 말할 때 쓰는 표현이에요. 껄끄러운 말을 꺼내기 전에 양념처럼 문장 앞에 붙이는 경우도 많아요.

예문

I think she's right. 그녀가 맞는 것 같아요.

I think it's so obvious. 너무 명백한 것 같아요.

I think he's not coming. 그 사람은 안 올 것 같아요.

Dialogue

A: I think you're in my seat. 제 자리에 앉으신 것 같네요.

B: I'm sorry. I thought it's empty. 죄송해요. 빈 자리인 줄 알았어요.

A: That's okay. Full train today. 괜찮아요. 오늘 만석이잖아요.

이 상황에서는 이렇게 말할 수도 있어요.

- 애가 자네요. 안 일어 나셔도 돼요.
  ▶ Your baby's asleep. You don't have to move.
- 어디까지 가세요? 그때까지 앉아 계세요.
  ▶ Where are you going? You can stay in my seat until you get off.
- 예약한 자리가 있으세요? 제가 그 자리로 갈게요.
  ▶ Do you have a reserved seat? I'll go to your seat if you do.
- 표가 이중으로 발행됐을 수도 있죠. 제가 승무원에게 물어보죠.
  ▶ Maybe our seats are double-booked. I'll ask the attendant.

Are you sure this is your seat?

당신 자리가 확실해요?

Are you sure ~ ?는 '~ 인 게 확실해요?'라는 뜻으로 상대방의 생각이나 행동이 진짜로 맞는지 살짝 의심하며 물어보는 표현이에요. 상대를 신뢰하지 않는다는 느낌을 줄 수 있으니까 조심해서 사용하는게 좋겠죠?

예문

Are you sure **you're in the right place?** 확실히 제대로 온 거 맞아요?

Are you sure **you're using this room?** 확실히 이 방을 사용할 거에요?

Are you sure **I'm not on the list?** 제가 명단에 없는 게 확실해요.

Dialogue

A: Excuse me. Are you sure this is your seat? 여기요. 당신 자리인 게 확실해요?

B: Yeah. Seat 4A. Here's my ticket. 네. 4A 좌석이요. 여기 표도 있어요.

A: You're in the wrong car. This is Car 5. Your seat is in Car 6. 칸이 다르네요. 여기는 5호실이에요. 당신 자리는 6호실이구요.

Say It More

이 상황에서는 이렇게 말할 수도 있어요.

- 표를 보여 주세요.
  ▶ Let me see your ticket.
- 당신 자리는 제 옆이에요. 창가 자리요.
  ▶ Your seat is next to mine. It's the window seat.
- 앉기 전에 번호부터 확인 했어야죠.
  ▶ You should have checked the number before you took the seat.
- 저도 어렵게 구한 표라서 자리 양보를 못하겠어요.
  ▶ It was so hard to get this ticket. I don't wanna give up the seat.

Practice 1 주어진 표현을 이용해서 문장을 완성해 보세요.

~ 인 것 같아요 / I think ~

1	정말 쉬운 것 같아요. it's so easy	I think ______________________.
2	그녀가 널 정말 좋아하는 것 같아. she likes you a lot	I think ______________________.
3	지하철을 타는 게 좋겠어요. you'd better take the subway	I think ______________________.
4	그 접시는 가지고 있어야 한다고 생각해요. you should keep the dish	______________________.

~ 인 게 확실해요? / Are you sure ~ ?

1	확실히 우유 충분히 있나요? we have enough milk	Are you sure ______________________?
2	마음 안 바꿀 거 확실하죠? you're not going to change your mind	Are you sure ______________________?
3	이게 오늘 밤 막차인 게 확실해요? this is the last train tonight	Are you sure ______________________?
4	그가 이미 떠난 게 확실한가요? he's already gone	______________________?

Practice 2 주어진 표현을 이용해서 대화를 완성해 보세요.

A: Excuse me. 1. 좌석 제대로 앉은 게 확실해요? (you're in the right seat)

B: Yeah. My ticket says Car 3, Seat 5D.

A: That's weird. Do you mind if I see your ticket?

B: Sure. Here it is.

A: 2. 기차를 잘 못 타신 것 같아요. (you're on the wrong train) This train is for Busan, not for Yeosu.

B: Oh, really? I'm so sorry.

기부를 부탁하는 외국인에게

당신은 친구와의 약속 장소로 가고 있습니다. 이 때 한 외국인이 당신에게 다가옵니다. 자신은 세계 기아 문제를 위해서 기부금을 모으는 봉사 활동을 하고 있다면서 당신에게도 동참할 것을 요청합니다. 외국인이 한국까지 와서 애를 쓴다는 마음에 지갑을 열려고 했지만 또한 이게 사기극일지도 모른다는 생각이 불현듯 드네요. 이제 이 외국인은 당신의 반응을 기다립니다. 무슨 말을 하시겠어요?

Choice A	Choice B
훌륭한 일을 하고 계시네요. Go to Page 42	**전 기부에 관심 없어요.** Go to Page 43

What you're doing is really amazing.

훌륭한 일을 하고 계시네요.

what 은 '무엇' 이란 뜻의 의문사이지만 '~ 인 것' 이란 의미로도 매우 자주 쓰입니다. **What you're ~ ing'**은 '네가 하는 ~ 것' 이란 의미인데 상대방이 하고 있는 일이나 행동을 묘사할 때 쓰는 표현이에요. 회화에서 자주 사용하는 패턴이니 다양한 문장에서 연습해 보도록 하겠습니다.

예문

What you're **saying is correct.** 당신 말한 게 맞아요.

What you're **telling us is not true.** 당신이 우리에게 하는 말은 사실이 아니에요.

I don't know what you're **talking about.** 뭐라고 하시는 지 잘 모르겠어요.

Dialogue

A: Are you willing to donate? 기부하실 건가요?

B: Sure. What you're doing is really amazing. 물론이죠. 훌륭한 일을 하고 계시네요.

A: Great. Let me get your name and phone number. 좋아요. 당신 이름과 전화번호를 주세요.

Say It More

이 상황에서는 이렇게 말할 수도 있어요.

- 팜플렛을 주세요. 제 친구들에게도 이 자선 단체를 소개할게요.
  ▶ Give me a leaflet. I'll let my friends know about this charity.
- 당신 같은 분이 세상을 더 좋은 곳으로 만들고 있어요.
  ▶ People like you make the world a better place.
- 한 달에 얼마를 후원하는 건가요? 계좌에서 자동으로 빠지는 건가요?
  ▶ How much should I donate each month? Is it drawn from my bank account automatically?
- 지금 만원만 기부하고 싶어요. 월간 후원은 너무 부담스러워요.
  ▶ I'd like to donate 10,000 won now. A monthly donation is too much for me.

I'm not interested in donation.

전 기부에 관심 없어요.

I'm interested in ~ 은 '~에 관심이 있어요'라는 의미로 자신의 관심사나 좋아하는 것을 이야기할 때 쓰는 표현이에요. 반대로 I'm not interested in ~은 '~에는 관심이 없네요', '~ 는 별로 안 좋아합니다'라는 뜻이에요. 발음을 할 때는 not을 강하게 발음해 주어야 합니다.

예 문

I'm not interested in **sports.** 저는 스포츠에 관심 없어요.

I'm not interested in **fashion.** 저는 패션에 관심 없어요.

I'm interested in **cooking.** 저는 요리에 관심있어요.

Dialogue

A: What do you think about donating to World Hunger? 월드 헝거에 기부하시는 것에 대해 어떻게 생각하세요?

B: I'm not interested in donating. 전 기부에 관심 없어요.

A: You can start with a small amount of money. 작은 돈으로 시작하셔도 돼요.

이 상황에서는 이렇게 말할 수도 있어요.

- 저는 다른 단체에 이미 기부를 하고 있어요.
  ▶ I'm currently donating to other charities.
- 제 개인 정보를 드리고 싶지는 않네요.
  ▶ I don't want to give my personal information to you.
- 한국에 있는 아이들을 돕는 게 시급하다고 생각해요.
  ▶ I think it's urgent to help Korean children in need.
- 그런 단체 이름은 못 들어 본 것 같은데. 합법적인 자선 단체 인가요?
  ▶ I've never heard of your organization. Are you a legal charity?

Practice 1 주어진 표현을 이용해서 문장을 완성해 보세요.

~ 하는 것 / what + 주어 + 동사

1	당신이 그리고 있는 게 정말 아름다워요. you're drawing	What ______ is so beautiful.
2	당신이 설명하는 건 말이 안돼요. you're explaining	What ______ is complete nonsense.
3	내 말은 당신이 정말 자격이 있다는 거예요. I'm saying	What ______ is that you really deserve it.
4	그녀가 부르는 노래가 정말 좋아요. she's singing	______.

~ 에 관심 없어 / I'm not interested in ~

1	공포 영화에 관심 없어요. horror movies	I'm not interested in ______.
2	그 남자에게 관심 없어요. him	I'm not interested in ______.
3	스쿠버 다이빙에 관심 있어. scuba diving	I'm interested in ______.
4	손금 보는 것에 관심 있어요. palm reading	______.

Practice 2 주어진 표현을 이용해서 대화를 완성해 보세요.

A: We're trying to help children suffering from hunger.

B: 1. 당신이 하는 일은 정말 의미 있는 거에요. (you're doing / is so meaningful)

A: Thank you. What do you say to donating 10,000 won a month?

B: Why not? 2. 도움이 필요한 아이들을 돕는 데 관심있어요. (helping children in need)

A: That's great. Would you write your name and email address on this?

B: Sure.

외국인과의 영어 연습

당신은 요즘 한창 영어 공부에 빠져 있습니다. 지하철을 타고 가는데 배낭여행 중인 외국인이 당신 바로 옆에 있군요. 배운 것을 연습해 볼 수 있는 기회라는 생각에 당신은 용기를 내어 그 외국인에게 말을 걸어 보려고 합니다. 'Where are you from?'이나 'Do you know BTS?'는 너무 식상해서 다른 말을 해보고 싶어요. 애국심이 발동해서 한국에 대한 인상을 물어 보겠습니까? 아니면 그 사람의 개인적인 것들을 물어 보겠습니까?

Choice A	**Choice B**
한국 어때요? Go to Page 46	**한국 처음 오신 거에요?** Go to Page 47

How do you like Korea?

한국 어때요?

How do you like ~ ?는 '~ 가 어떤 것 같으세요?'라는 뜻으로 상대방의 의견을 물어볼 때 쓰는 표현이에요. 또한 **How do you like ~ ?**는 식당에서 '~ 를 어떻게 해 드릴까요?'라는 뜻으로도 쓸 수 있어요. **How do you like your steak?**(스테이크 어떻게 구워 드릴까요?), **How do you like your tea? Milk and Sugar?**(차 어떻게 드릴까요? 우유와 설탕 넣을까요?) 처럼 말이죠

예 문

How do you like **Seoul?** 서울 어때요?

How do you like **your new phone?** 새로 산 핸드폰 어때?

How do you like **your pasta?** 파스타 맛 어때요?

Dialogue

A: How do you like Korea? 한국 어때요?

B: I love it here. Food is amazing, and Koreans are very kind. 아주 좋아요. 음식도 좋고 사람들도 친절해요.

A: What kind of food have you tried? 어떤 음식을 먹어 봤어요?

Say It More

이 상황에서는 이렇게 말할 수도 있어요.

- 한국 음식 어때요? 너무 맵지는 않아요?
  ▶ How do you like Korean food? Isn't it too spicy?
- 한국이 더 추워요? 아니면 당신 나라가 더 추워요?
  ▶ Which country is colder, Korea or your country?
- K 팝이 정말 당신 나라에서 인기가 있나요?
  ▶ Is K-pop really popular in your country?
- 기회만 된다면 한국에서 살고 싶으세요?
  ▶ Do you want to live in Korea if you have a chance?

Is this your first time to visit Korea?

한국 처음 오신 거에요?

'Is this your first time to ~'은 '~ 가 처음이세요?'라는 뜻으로 지금 하는 일이 상대방이 처음으로 경험하는 일인지 물어볼 때 쓰는 표현입니다. '~가 처음이에요' 라고 말을 할 때는 **It's my first time to ~** 라고 하면 되겠죠? **to** 뒤에는 어떤 일을 처음 하는지 동사의 기본형으로 표현해야 해요.

예 문

Is this your first time to **be here?** 처음 여기 오신 거에요?

Is this your first time to **use Uber?** 처음 우버를 사용하시는 거에요?

Is this your first time to **be in LA?** LA에 오신 게 처음이에요?

Dialogue

A: Is this your first time to visit Korea? 한국 처음 오신 거에요?

B: No, it's my second time. I worked in Busan as an English teacher years ago.

아니요, 두번째에요. 몇 년 전에 부산에서 영어 강사로 일했어요.

A: Oh, that's great. 아, 그렇군요.

Say It More

이 상황에서는 이렇게 말할 수도 있어요.

- 혼자 여행하는 거에요?
  ▶ Are you traveling by yourself?
- 해외 여행하는 거 좋아하세요?
  ▶ Do you like to travel abroad?
- 전에 또 어느 나라를 가 보셨어요?
  ▶ What other countries have you visited?
- 한국 여행 다음으로 어디로 가세요?
  ▶ Where are you going after Korea?

Practice 1 주어진 표현을 이용해서 문장을 완성해 보세요.

~ 가 어떤 것 같으세요? / How do you like ~ ?

1	저의 새 책이 어떤 것 같으세요? my new book	How do you like ______________?
2	네 방 어때? your room	How do you like ______________?
3	그 꽃이 어떤 것 같아요? the flowers	How do you like ______________?
4	세미나 어때요? the seminar	______________?

~ 가 처음이세요? / Is this your first time to ~ ?

1	피클 주스 마시는 게 처음이에요? drink pickle juice	Is this your first time to ______________?
2	칠면조를 요리하는 게 처음인가요? cook turkey	Is this your first time to ______________?
3	초밥을 처음 먹어보는 거야? try sushi	Is this your first time to ______________?
4	온라인 수업을 듣는 게 처음이에요? take an online class	______________?

Practice 2 주어진 표현을 이용해서 대화를 완성해 보세요.

A: 1. 부산 방문이 처음이세요? (visit Busan)

B: Yes it is.

A: 2. 이 도시가 어떠세요? (this city)

B: So amazing. I loved the fish market. And the beach!

A: Where are you from?

B: I'm from Brazil.

2. 외국인 친구, 한국을 방문하다

11 한국을 방문하려는 외국인 친구

당신은 이틀간의 국제 디자인 박람회를 통해 영국에서 온 캐런과 친하게 지내게 되었습니다. 캐런이 영국으로 돌아간 뒤에도 SNS 로 메시지를 주고 받으며 자주 연락하는 사이가 되었죠. 얼마 전 그녀에게 DM 이 왔는데 한 달 뒤 2주간의 휴가를 받아 한국을 오겠다고 하는 군요. 반가운 마음도 있지만 2주 동안 가이드 역할만 할 것 같아 부담도 됩니다. 그녀에게 어떤 답신을 보내겠습니까?

Choice A	Choice B
우리 집에 있어도 돼. Go to Page 52	**나 서울에 없을 것 같은데.** Go to Page 53

You can stay in my place.

우리 집에 있어도 돼.

You can은 '~ 해도 돼'라는 의미로 상대에게 어떤 행동을 허락할 때 쓰는 표현이에요. 반대로 '~ 하면 안 돼'라는 뜻으로 상대에게 어떤 일을 허락하지 않을 때는 **You can't**를 쓰세요. 자신이 허락하지 않겠다는 의지로 **can't**를 살짝 강하게 발음해 주세요. 그리고 우리 집은 **my house** 보다는 **my place**라고 하는 게 더 자연스러워요.

예문

You can **sit here.** 여기 앉아도 돼.

You can **take the pen.** 펜을 가져 가도 돼.

You can **call me any time.** 언제든 전화해도 돼요.

Dialogue

A: How long are you staying in Seoul? 서울에 얼마나 있을 거니?

B: Two weeks. But I haven't decided where to stay yet. 2주 정도. 헌데 아직 어디에 있을 지 정하지 못했어.

A: You can stay in my place. 우리 집에 있어도 돼.

이 상황에서는 이렇게 말할 수도 있어요.

- 집에 남는 방이 있어.
  ▶ We have an extra room in our place.
- 우리 부모님도 널 정말 보고 싶어 하셔.
  ▶ My parents are very excited to meet you.
- 네가 있는 동안 나도 휴가를 써 보도록 할게.
  ▶ I'll try to use my vacation time while you're visiting.
- 오면 내가 가이드 해 줄게.
  ▶ I'll show you around when you're here.

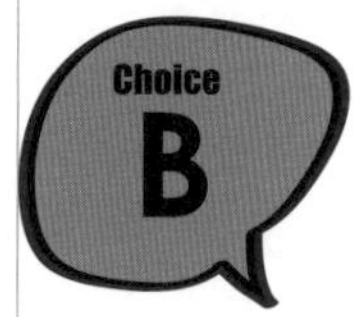

I'm afraid I'm not going to be in Seoul.

나 서울에 없을 것 같은데.

상대에게 부정적인 생각이나 좋지 않은 소식을 전달할 때 **I'm afraid ~**라는 표현을 써 보세요. **I'm afraid**는 '~ 인 것 같아'라는 부정적인 느낌을 전달하는데 적절한 표현이거든요. **I'm afraid** 뒤에는 '주어 + 동사' 의 문장 형태를 써야 합니다.

예 문

I'm afraid he's not coming back today. 그 남자 내일 안 올 것 같아.

I'm afraid we're going to be late. 우리가 내일 늦을 것 같은데.

I'm afraid we don't have enough time. 우리가 시간이 충분하지 않을 것 같아.

Dialogue

A: I'm thinking of visiting you next month. 다음 달에 너한테 갈 생각이야.

B: Next month? I'm afraid I'm not going to be in Seoul. 다음 달? 나 서울에 없을 것 같은데.

A: Really? That's too bad. 정말로? 참 아쉬운데.

이 상황에서는 이렇게 말할 수도 있어요.

- 미안하지만 우리 집에는 못 있을 거야. 네가 있을 방이 없거든.
  ▶ I'm so sorry you can't stay in my place. We don't have room for you.
- 한 달 뒤? 나 수술할 것 같은데.
  ▶ A month later? I think I'm having surgery.
- 북한이 미사일 쏜 거 못 들었니? 여기 지금 안전하지 않아.
  ▶ Didn't you hear North Korea just launched missiles? It's not safe here.
- 여름은 너무 더워. 겨울에 오는 건 어때?
  ▶ It's too hot in summer. Why don't you come in winter?

Practice 1 주어진 표현을 이용해서 문장을 완성해 보세요.

~ 해도 돼 / You can ~

1	내 전화 써도 돼. use my phone	You can ______________.
2	피자 다 먹어도 돼. finish the pizza	You can ______________.
3	원하면 키스 해도 돼. kiss me if you want	You can ______________.
4	다하면 가도 됩니다. leave when you're done	______________.

~ 인 것 같아 / I'm afraid ~

1	네가 틀린 것 같아. you're wrong	I'm afraid ______________.
2	부모님이 곧 집에 오실 것 같은데. my parents will be home soon	I'm afraid ______________.
3	핸드폰 배터리가 다 된 것 같아. my phone's dead	I'm afraid ______________.
4	우리 비행기가 결항된 것 같아. our flight's been cancelled	______________.

Practice 2 주어진 표현을 이용해서 대화를 완성해 보세요.

A: How long are you staying in Korea?

B: For two weeks. From July 25th to August 9th.

A: Bummer. 1. 네가 여기 있는 동안에 널 못 만날 것 같은데. (I can't meet you while you're here)

B: How come?

A: I'm going to Tokyo for the annual conference.

B: That's too bad. I thought I could stay in your place for a while.

A: 2. 그렇게 해도 돼. (do that) Just like an Airbnb.

외국인 친구 마중가기

영국인 친구 캐런이 당신의 집에서 일주일을 지낼 예정입니다. 내일은 그녀가 인천 공항으로 들어오는 날이에요. 오후 2시에 도착을 한다고 하는데 그 시간에 당신은 중요한 업무 미팅이 있습니다. 팀장님께 양해를 구하고 공항으로 직접 마중을 가겠습니까? 아니면 리무진 버스를 타고 당신의 집으로 오라고 하겠습니까? 그녀에게 어떤 메시지를 보내겠습니까?

Choice A	Choice B
제 1 터미널에서 만나. Go to Page 56	**어디서 버스 타는지 알려 줄게.** Go to Page 57

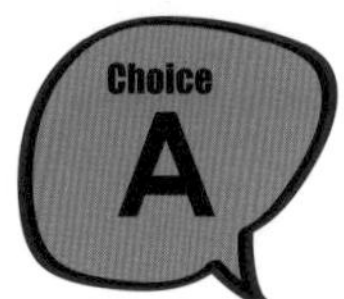

Let's meet at Terminal 1.

제 1 터미널에서 만나.

상대에게 함께 '~ 하자' 고 제안할 때는 **Let's ~**를 써 주세요. **Let's** 뒤에 함께 하고 싶은 행동을 동사의 기본형으로 쓰면 됩니다.

예문

Let's **eat pizza for dinner.** 저녁으로 피자를 먹자.

Let's **take a taxi.** 택시를 타자.

Let's **share the cake.** 케익 같이 먹자.

Dialogue

A: Can you pick me up at the airport? 공항으로 픽업 와줄 수 있어?

B: Absolutely. Let's meet at Terminal 1. 물론이지. 제 1 터미널에서 만나자.

A: Cool. I'll text you when I'm there. 좋아. 거기 도착하면 문자 할게.

Say It More

이 상황에서는 이렇게 말할 수도 있어요.

- 내가 차를 가지고 갈게.
  ▶ I'll drive to the airport.
- 내가 '환영' 플랙카드 들고 기다릴게.
  ▶ I'll be waiting for you holding a big 'Welcome' sign.
- 너 나 어떻게 생겼는지 까먹은 거 아니지?
  ▶ You still remember what I look like, don't you?
- 널 다시 만난다니 너무 너무 설렌다!
  ▶ I'm soooo excited to see you again!

I'll let you know where to take the bus.

어디서 버스 타는지 알려 줄게.

I'll let you know ~는 상대방에게 공손하게 무언가를 알려 줄 때 사용하는 표현이에요. '~ 를 알려 드릴게요', '~ 를 가르쳐 드릴게요'라는 뜻인데 매우 자주 쓰는 표현이니까 입에 착 붙을 수 있도록 열심히 연습해 두세요.

예문

I'll let you know **when she arrives.** 그녀가 언제 오는지 알려 드릴게요.

I'll let you know **where she is.** 그녀가 어디에 있는지 가르쳐 드릴게요.

I'll let you know **what you need.** 네가 뭐가 필요한지 알려 줄게.

Dialogue

A: What time do you arrive in Incheon? 인천에 몇 시에 도착하니?

B: 2:30. You don't need to pick me up at the airport. 2시 30분. 공항에 픽업 나올 필요 없어.

A: Okay. I'll let you know where to take the bus. 알았어. 어디서 버스 타는 지 알려 줄게.

이 상황에서는 이렇게 말할 수도 있어요.

- 너무 중요한 미팅이 있어서 공항에 못 갈 것 같아.
  ▶ I can't be at the airport. I have a very important meeting.
- 택시 타. 그게 제일 좋아.
  ▶ Take a taxi. That's the best.
- 한국에서는 우버(Uber) 가 안 돼.
  ▶ I'm letting you know you can't use Uber in Korea.
- 지금 보내는 한글 메시지를 택시 기사에게 보여 줘. 우리 집 주소야.
  ▶ Show this Korean message to your taxi driver. That's my address.

Practice 1 주어진 표현을 이용해서 문장을 완성해 보세요.

~ 하자 / Let's ~

1	내일 늦게 일어나자. sleep in tomorrow	Let's ______.
2	그녀에게 안 좋은 소식을 말하지 말자. not tell her the bad news	Let's ______.
3	출발하자! hit the road	Let's ______!
4	이번 주말에 영화를 보자. watch a movie this weekend	______.

~ 를 알려 드릴게요 / I'll let you know ~

1	앱을 어떻게 쓰는 지 알려 드릴게요. how to use the app	I'll let you know ______.
2	책 제목을 알려 드릴게요. the book title	I'll let you know ______.
3	어디로 가실 지 알려 드릴게요. where to go	I'll let you know ______.
4	어떤 약을 먹어야 할 지 알려 줄게. what medicine you should take	______.

Practice 2 주어진 표현을 이용해서 대화를 완성해 보세요.

(on the phone)

A: Where are you?

B: I'm still waiting for my luggage.

A: Change of plans. 1. 주차장에서 만나자. (meet at the parking lot)

B: Parking lot. Got it.

A: I'm still looking for a parking spot. 2. 어디에 주차할 지 알려 줄게. (where I'm parking)

B: Okay. See you soon.

외국인 친구와의 재회

캐런을 공항에서 만나기로 한 당신. 오랜 만에 그녀를 만날 생각에 마음이 설렙니다. 도착 게이트에서 그녀가 나타나기를 기다리고 있는데 캐런의 모습은 보이지 않습니다. 이 때, 누군가가 당신의 이름을 부르네요. 뒤를 돌아보니 캐런이 서 있습니다. 헌데 예전에 당신이 기억하는 그녀의 모습이 아닙니다. 갑자기 나이도 들어 보이고 성형을 한 것 같기도 하네요. 오랜 만에 만난 외국인 친구에게 무슨 말을 하시겠습니까?

Choice A	Choice B
너 정말 좋아 보인다. Go to Page 60	무슨 일이 있었던 거니? Go to Page 61

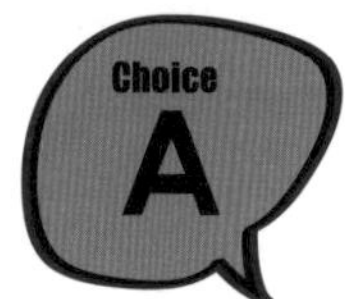

You look amazing!

너 정말 좋아 보인다!

You look ~은 '너 ~ 해 보인다', '너 ~ 한 것 같애'라는 뜻으로 상대의 외모나 상태에 대해서 말할 때 쓰는 표현이에요. 만일 '~ 처럼 보여' 라고 말하고 싶다면 **You look like** ~라고 해 주세요.

예문

You look **tired.** 피곤해 보인다.

You look **sick.** 너 아파 보여.

You look like **a movie star.** 너 영화 배우 같아.

Dialogue

A: I'm so happy to see you. 만나서 너무 반가워.

B: You look amazing! 너 정말 좋아 보인다!

A: Thank you. You too. 고마워. 너도 그래.

이 상황에서는 이렇게 말할 수도 있어요.

- 네가 모델인 줄 알았어!
  ▶ I thought you were a model!
- 어머! 누가 보면 니가 내 딸인 줄 알겠다.
  ▶ OMG! People may think you're my daughter.
- 너무 이쁘다. 화장품을 바꾼거니?
  ▶ You look so gorgeous. Did you change your makeup or something?
- 나한테 떨어져! 내가 너무 초라해 보이잖아.
  ▶ Stay away from me! You make me look so shabby.

What happened to you?

무슨 일이 있었던 거니?

무슨 일이 있었는지 물어 볼 때는 **What happened ~ ?**라는 표현을 사용하세요. **happened** 뒤에 '**to** + 사람', '**in/at** + 장소' 등의 표현을 붙여서 어떤 일이 있는지 구체적으로 물어볼 수 있답니다. 지금 무슨 일이 일어나고 있는지 궁금하다면 **What's happening ~ ?**이라고 하세요.

예 문

What happened to her? 그녀에게 무슨 일이 있었던 거야?

What happened to my husband? 우리 남편에게 무슨 일이 있었던 거에요?

What's happening here? 무슨 일이 벌어지고 있는 거야?

Dialogue

A: What happened to you? You look so different. 무슨 일이 있었던 거야? 너 너무 달라 보여.

B: Well, I had a nose job a year ago. How do I look? 일 년 전 코 수술 했어. 나 어때?

A: Hmm. You look... different... in a good way. 음. 너… 달라 보여… 좋게 말이야.

Say It More

이 상황에서는 이렇게 말할 수도 있어요.

- 도대체 얼굴에 무슨 짓을 한 거야.
  ▶ What the heck did you do to your face?
- 오는 게 힘들었나 보다. 정말 피곤해 보여.
  ▶ It must've been an exhausting trip. You look so tired.
- 쇼핑부터 할래? 새 옷을 사는 건 어때?
  ▶ Do you want to go shopping first? How about buying some new clothes?
- 널 못 알아볼 뻔 했잖아.
  ▶ I didn't even recognize you.

Practice 1 주어진 표현을 이용해서 문장을 완성해 보세요.

너 ~ 해 보여 / You look ~

1	너 오늘 좋아 보여. great today	You look ____________.
2	너 정말 안 좋아 보여. ghastly	You look ____________.
3	너 브래드 피트 같아. Brad Pitt	You look like ____________.
4	빨간 옷을 입으니 너무 멋져 보여. so beautiful in red	____________.

~ 무슨 일이 있었던 거야? / What happened ~

1	콘서트에서 무슨 일이 있었던 거야? at the concert	What happened ____________?
2	방에서 무슨 일이 있었던 거야? in the room	What happened ____________?
3	지금 무슨 일이 벌어지고 있는 거야? right now	What's happening ____________?
4	그 길에서 무슨 일이 있었던 거야? on the road	____________?

Practice 2 주어진 표현을 이용해서 대화를 완성해 보세요.

A: 1. 무슨 일이 있었던 거야? (to you) 2. 정말 안 좋아 보인다. (ghastly)

B: I'm so tired. I couldn't sleep at all on the plane.

A: Why not?

B: A baby right next to me kept crying.

A: Get some sleep while we're going home.

B: Thank you for the ride.

서울 구경 시켜 주기

휴가를 즐기러 한국을 방문하게 된 외국인 친구 캐런. 당신은 그녀와 대화를 많이 하려고 합니다. 완벽하지는 않지만 의사 소통이 되는 것 같아 다행이네요. 그녀에게 한국에서 무엇을 하고 싶은지 물어보자 아직은 특별한 계획이 없다고 합니다. 눈치를 보아하니 당신이 서울 구경을 시켜 주었으면 하는 것 같네요. 그녀에게 뭐라고 하겠습니까?

Choice A	Choice B
구경을 시켜 주고 싶어 Go to Page 64	**내일 출근 해야 해.** Go to Page 65

I'd love to show you around.

구경시켜 주고 싶어.

I'd love to ~는 '~ 하고 싶어'라는 의미로 자신의 희망을 말할 때 쓰는 표현이에요. [아이드 러브 투] 라고 또박또박 발음하지 말고 [아이르 럽트] 처럼 흘려서 해 주세요. **I'd like to ~** , **I want to ~** 역시 비슷한 표현이에요.

예 문

I'd love to **invite your family.** 네 가족을 초대하고 싶어.

I'd love to **make a birthday cake.** 생일 케익을 만들고 싶어.

I'd love to **go to the concert.** 콘서트 가고 싶어.

Dialogue

A: What would you like to do in Seoul? 서울에서 뭐 하고 싶니?

B: I don't have any particular plans. 특별한 계획은 없어.

A: I'd love to show you around **if you want.** 네가 원하면 구경을 시켜 주고 싶어.

이 상황에서는 이렇게 말할 수도 있어요.

- 내일 친구들 만날 건데 같이 갈래?
  ▶ I'm meeting my friends tomorrow. Wanna come?
- 내일 불금이니까 홍대 클럽갈까?
  ▶ Tomorrow's Friday. Wanna go to the clubs in Hongdae?
- 시간 많으니까 천천히 하고 싶은 걸 생각해 봐.
  ▶ You have plenty of time. Take your time and think about what you'd like to do.
- 경복궁은 꼭 가 봐야 한다구.
  ▶ You should visit Kyongbokgung.

I gotta go to work tomorrow.

내일 출근 해야 돼.

I gotta ~는 '나 ~ 해야 해'라는 뜻으로 자신이 해야 하는 일을 말할 때 쓰는 표현이에요. 중학교 때 배운 **I have to ~**와 비슷한 표현이지만 **I gotta**는 회화에서만 쓰는 것이 좋습니다.

예 문

I gotta go to bed. 나 자야 겠어.

I gotta get going. 이제 가야 해.

I gotta call my dad. 아빠에게 전화 해야겠어.

Dialogue

A: I'm wondering if you can show me around the city tomorrow. 내일 이 도시를 구경시켜 줄 수 있니?

B: Sorry I can't. I gotta go to work tomorrow. 미안하지만 안 되겠어. 내일 출근 해야 돼.

A: How about this weekend then? 그럼 이번 주는 어때?

B: Sure. I'll take you to Namsan. 좋아. 남산에 데려가 줄게.

Say It More

이 상황에서는 이렇게 말할 수도 있어요.

- 혼자 하는 여행도 나쁘지는 않지.
  ▶ It's not so bad to travel alone.
- 서울은 밤에 혼자 돌아다녀도 안전하다구.
  ▶ Seoul is one of the safest cities to walk alone at night.
- 서울에서 만날 사람 없어?
  ▶ Is there anyone you're going to meet in Seoul?
- 가이드 북 줘 봐. 네가 내일 꼭 가야할 곳 3 군데를 정해 줄게.
  ▶ Show me your guidebook. I'll choose three places you should visit tomorrow.

Practice 1 주어진 표현을 이용해서 문장을 완성해 보세요.

~ 하고 싶어 / I'd love to ~

1	고양이를 입양하고 싶어. adopt a cat	I'd love to ____________.
2	너와 함께 하고 싶어. be with you	I'd love to ____________.
3	새 집으로 이사 가고 싶어. move to a new house	I'd love to ____________.
4	한 잔 하러 가고 싶어. go for a drink	____________.

~ 해야 겠어 / I gotta ~

1	빨래를 해야겠어. do laundry	I gotta ____________.
2	그를 깨워야겠어. wake him up	I gotta ____________.
3	책을 끝내야 해. finish the book	I gotta ____________.
4	일찍 일어나야 해. get up early	____________.

Practice 2 주어진 표현을 이용해서 대화를 완성해 보세요.

A: What's your plan tomorrow?

B: I'm thinking of going to Namsan. Wanna go with me?

A: 1. 가고 싶지만 (go) but 2. 부산에 부모님을 뵈러 가야 해. (visit my parents in Busan)

B: Isn't it the city close to the South Sea?

A: Yes, it is. Oh, why don't you come with me? My parents will love to see you.

B: Really? I'd love to.

외국인 친구의 첫 식사

오늘부터 영국인 친구 캐런이 당신의 집에 일주일 동안 머물 예정입니다. 지금은 저녁 식사 시간이에요. 캐런에게는 이 저녁 식사가 한국에서의 첫 끼가 되는군요. 요리 똥손인 당신. 그녀를 위해서 직접 음식을 만들어 주겠습니까? 아니면 근처 맛집에서 저녁을 대접하겠습니까? 그녀에게 뭐라고 말하겠습니까?

Choice A	Choice B
내가 만드는 김치 부침개를 좋아할 거야. Go to Page 68	**근처에 잘하는 초밥집이 있어.** Go to Page 69

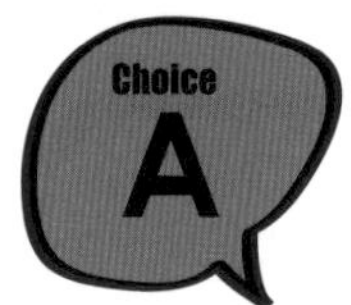

You'll love my Kimchi pancakes.

내가 만드는 김치 부침개를 좋아할 거야.

You'll love ~는 '너 ~ 를 정말 좋아할 거야'라는 의미로 상대방에게 무언가를 자신 있게 소개할 때 사용하는 표현이에요. '내가 장담하는데' 와 같은 의미를 첨가하고 싶으면 앞에 **I'm sure ~**를 붙이면 됩니다.

예 문

You'll love my parents. 우리 부모님을 정말 좋아할 거야.

You'll love the new smart phone. 새 핸드폰을 정말 좋아할 거야.

You'll love my paintings. 내 그림을 정말 좋아할 거야.

Dialogue

A: I'm gonna make dinner for you. 저녁을 차려 줄게.

B: What are you going to make? 뭐 만들 거야?

A: Kimchi pancakes. You'll love my Kimchi pancakes. 김치 부침개. 내가 만드는 김치 부침개를 정말 좋아할 거야.

이 상황에서는 이렇게 말할 수도 있어요.

- 나 요즘 한식 요리 수업 듣고 있거든.
  ▶ I'm taking a Korean cuisine cooking class.
- 우리 엄마한테 김치 부침개 만드는 비법을 전수 받았거든.
  ▶ I have a secret Kimchi pancake recipe from my mom.
- 특별히 먹고 싶은 한국 음식 있어? 내가 만들어 줄게.
  ▶ Any Korean food you're craving for? I'll make it for you.
- 같이 만들어 먹는 건 어때? 재미있을 거야.
  ▶ Why don't we cook together? It'll be fun.

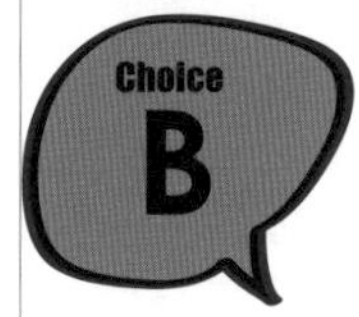

There's a nice sushi place around here.

근처에 잘하는 초밥집이 있어.

'There is/are ~ .'는 '~ 가 있어'라는 의미로 어떤 물건의 존재를 말할 때 사용하는 표현이에요. 물건이 하나일 때는 **There is ~**를, 여러 개일 경우에는 **There are ~**를 써야 합니다. 그리고 **around**는 '~ 의 주변에'라는 뜻이에요.

예문

There's an ice cream shop around here. 근처에 아이스크림 가게가 있어.

There's a hotel right here. 여기에 호텔이 있어.

There are a couple of coffee shops around here. 근처에 커피숍 몇 곳이 있어요.

Dialogue

A: What do you say to sushi for dinner? 저녁으로 초밥 어때?

B: Great! I love sushi! 좋아! 나 초밥 좋아해!

A: There's a nice sushi place around here. 근처에 잘하는 초밥집이 있어.

Say It More

이 상황에서는 이렇게 말할 수도 있어요.

- 나 요리 똥손인 거 알잖아.
  ▶ You know I'm such a bad cook.
- 시켜 먹자. 한국의 배달 문화는 세계 최고거든.
  ▶ Why don't we order in? Korea has world-renowned delivery service.
- 내 음식 먹고 탈나면 안 되지.
  ▶ I don't want you to be sick from my bad cooking.
- 한국에 왔으니 삼겹살에 소주는 먹어야지!
  ▶ Since you're in Korea, you'd better try Samgyopsal and Soju!

Practice 1 주어진 표현을 이용해서 문장을 완성해 보세요.

~ 를 정말 좋아할 거야 / You'll love ~

1	내 친구들을 정말 좋아할 거야. my friends	You'll love ______________.
2	그의 강의를 정말 좋아할 거야. his lectures	You'll love ______________.
3	엄마의 웨딩 드레스를 정말 좋아할 거야. my mom's wedding gown	You'll love ______________.
4	이 책을 정말 좋아할 거야. this book	______________.

~ 가 있어 / There's /are ~

1	근처에 새로 연 피자 가게가 있어. a brand-new pizza place around here	There's ______________.
2	애완 동물 샵 옆에 소방서가 있어. a fire station next to the pet shop	There's ______________.
3	200미터 앞에 큰 슈퍼가 있어. a huge supermarket about 200 meters ahead	There's ______________.
4	마을에 미장원이 두 개 밖에 없어. only two hair salons in town	______________.

Practice 2 주어진 표현을 이용해서 대화를 완성해 보세요.

A: I'm starving.

B: Me too. What do you have in mind for lunch?

A: 1. 쇼핑몰에 맛있는 피자 가게가 있어. (a nice pizza place in the mall)

B: Pizza is a nice choice.

A: 2. 김치 피자를 정말 좋아할 거야. (the Kimchi pizza) That's my favorite.

B: Kimchi pizza… That sounds interesting.

번지 점프를 할 것인가?

당신은 영국인 친구 캐런에게 주말에 무엇을 하고 싶은지 물어봅니다. K 팝 공연, 경복궁, 한강 유람선 타기 등의 예상 답변을 기대하고 있었지만 그녀는 뜬금없이 '번지 점프'를 하고 싶다고 하네요. 심각한 고소 공포증이 있는 당신, 외국인 친구에게 뭐라고 하겠습니까?

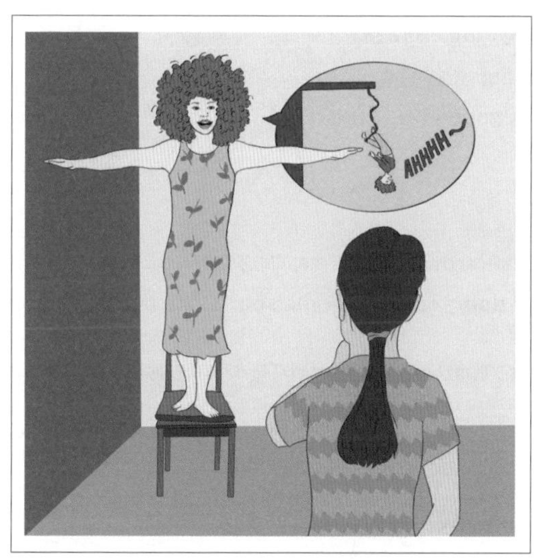

Choice A	Choice B
재미있겠다. Go to Page 72	**난 절대 안 할 거야.** Go to Page 73

That sounds fun.

재미있겠다.

'소리'라는 뜻으로 잘 알려진 **sound**는 '~ 하게 들리다'라는 동사로도 자주 쓰입니다. **That sounds ~**는 상대방의 말에 대한 자신의 느낌을 말할 때 쓰는 표현이에요. '그거 ~ 하겠다', '~ 한 것 같아'라는 해석이 적절하네요. **That sounds ~** 뒤에 형용사를 쓰면 되는데 만일 명사를 쓰고 싶으면 **That sounds like ~**라고 해 주세요. .

예 문

That sounds interesting. 재미있겠다.

That sounds exciting. 흥분되는 걸.

That sounds like a good idea. 좋은 생각 같아.

Dialogue

A: Any plans for tomorrow? 내일 무슨 계획이라도 있어?

B: I'm thinking of doing some extreme sports like bunjee jumping. 번지 점프 같은 익스트림 스포츠를 하고 싶어.

A: Bunjee jumping? That sounds fun. 번지 점프? 재미있겠다.

이 상황에서는 이렇게 말할 수도 있어요.

- 나도 해 보고 싶기는 했어.
  ▶ I've been thinking of trying it.
- 정말 그걸 하고 싶은 거니?
  ▶ Is that what you really want to do?
- 어디서 할 수 있나 찾아 볼게.
  ▶ Let me find where we can go bunjee jumping.
- 그래 까짓 것 해 보지. 인생 한 번 사는 거 아니겠어!
  ▶ Let's go for it. You only live once!

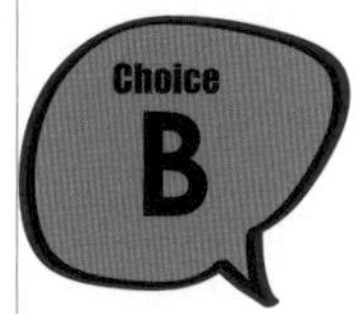

I'll never, ever do that!

난 절대 안 할 거야.

I'll never, ever ~는 '절대로 ~ 하지 않겠어'라는 뜻으로 어떤 행동을 절대로 하지 않겠다는 의지를 표현하는 말이에요. **I'll never**까지만 써도 '~ 하지 않겠다' 는 뜻을 전달할 수 있지만 뒤에 **ever**를 붙이면 절대로 하지 않겠다는 의지를 강조할 수 있어요.

예문

I'll never, ever watch a horror movie again. 공포 영화는 다신 절대로 안 봐.

I'll never, ever call my ex-boyfriend. 전 남친에게 절대로 전화를 안 하겠어.

I'll never, ever wear this stupid hat. 이 우스꽝스러운 모자를 절대로 쓰지 않겠어.

Dialogue

A: What are we going to do in Gapyong? 우리 가평에서 뭐 해?

B: Bunjee jumping. 번지 점프.

A: No way! I'll never, ever do that! 말도 안 돼! 난 절대 안 할 거야!

Say It More 이 상황에서는 이렇게 말할 수도 있어요.

- 나 고소 공포증 있어. 오줌 쌀 지도 몰라.
  ▶ I have acrophobia. I might pee myself.
- 억만금을 줘도 난 안 뛰어!
  ▶ I'm not gonna jump even if you give me a billion dollars!
- 난 됐어. 네가 뛰는 거 구경만 할 게
  ▶ I'll pass. I'll just watch you jump.
- 미친 거 아니니? 난 죽고 싶지 않아!
  ▶ Are you out of your mind? I don't wanna die!

Practice 1 주어진 표현을 이용해서 문장을 완성해 보세요.

그거 ~ 하겠다 / That sounds ~

1	그거 멋지겠다. nice	That sounds ____________.
2	그거 터무니 없는 것 같아. absurd	That sounds ____________.
3	그거 좋은 생각 같아. a great plan	That sounds like ____________.
4	그거 지루하겠다. boring	____________.

절대로 ~ 하지 않겠어 / I'll never, ever ~

1	절대로 다시는 사랑에 빠지지 않겠어. fall in love again	I'll never, ever ____________.
2	절대로 널 보낼 수 없어. let you go	I'll never, ever ____________.
3	절대로 다시는 소주를 마시지 않겠어. drink Soju again	I'll never, ever ____________.
4	절대로 저 코브라에게 키스하지 않겠어. kiss the cobra	____________.

Practice 2 주어진 표현을 이용해서 대화를 완성해 보세요.

A: Ready to have fun?

B: Sure. What's our first ride?

A: Ultra Twister. The longest roller coaster in Korea.

B: 1. 절대로 롤러 코스터를 타지 않겠어. (ride the roller coaster) I thought we agreed not to ride anything scary.

A: Alright. How about starting with an easy one? Like bumper cars?

B: 2. 그게 훨씬 더 좋은 것 같아. (much better)

아파 보이는 친구에게

평소에 매우 활발하던 캐런이 오늘은 말이 없고 조용하네요. 당신이 무슨 일이 있는지 물어보니 머리가 아프고 복통이 있다고 합니다. 그러면서 오늘 저녁은 먹지 않고 숙소로 일찍 들어가서 쉬겠다고 하네요. 당신은 아파 보이는 외국인 친구에게 뭐라고 하겠습니까?

Choice A	Choice B
통증이 얼마나 있었던 거니? Go to Page 76	**시차 때문일 수도 있어.** Go to Page 77

How long have you you been in pain?

통증이 얼마나 있었던 거니?

'How long have you ~ ?'는 '얼마나 ~ 했니?'라는 뜻으로 상대에게 어떤 행동이나 일이 있었던 기간을 물어볼 때 쓰는 말이에요. 뒤에 동사를 쓸 때는 현재 완료 **(p.p)** 형태를 써 주세요.

예문

How long **have you lived in Spain?** 스페인에서 얼마나 살았니?

How long **have you been married?** 결혼한 지 얼마나 되셨어요?

How long **have you stayed in the hotel?** 그 호텔에 얼마나 있었던 거야?

Dialogue

A: I have a terrible headache. 나 두통이 심해.

B: How long have you been in pain? 통증이 얼마나 있었던 거야?

A: For three days since I arrived in Korea. 한국에 도착하고 3일 정도.

Say It More

이 상황에서는 이렇게 말할 수도 있어요.

- 점심 때 뭐 먹었어?
  ▶ What did you eat for lunch?
- 병원에 갈래? 아니면 약국 가서 약을 살까?
  ▶ Do you wanna see a doctor? Or get some medicine at the pharmacy?
- 타이레놀을 먹어 볼래?
  ▶ Why don't you take some Tylenol?
- 약 먹으려면 뭘 좀 먹어야지.
  ▶ You gotta eat something if you wanna take medicine.

It may be just jet lag.

시차 때문일 수도 있어.

'It may be ~'는 '~ 때문일지도 몰라', '~ 일 수도 있어'라는 뜻으로 자신의 생각이나 추측을 말할 때 쓰는 표현이에요. 의견을 제시하지만 100% 확신할 수 없을 때 이 표현을 활용하세요. **may** 대신 **might**를 써도 같은 의미가 됩니다.

예문

It may be just a cold. 그냥 감기일 수 있어.

It may be just spam mail. 그냥 스팸 메일일 수 있어.

It may be a rash. 발진일 수도 있어.

Dialogue

A: I have a terrible headache. 나 두통이 심해.

B: It may be just jet lag. Take some Tylenol. 시차 때문일 수도 있어. 타이레놀 먹어 봐.

A: Thanks. I'm going to bed early tonight. 고마워. 오늘 밤에는 일찍 자야 겠어.

Say It More 이 상황에서는 이렇게 말할 수도 있어요.

- 숙취 때문일지도 몰라. 어제 많이 마셨잖아.
  ▶ It might be a hangover. You drank a lot last night.
- 탈 날 줄 알았어. 어쩐지 매운 닭발을 많이 먹더라니.
  ▶ I knew you'd be sick. You devoured the spicy chicken feet.
- 너 아프니까 정말 이뻐 보인다.
  ▶ You look so pretty when you're sick.
- 좀 쉬면 괜찮아 질 거야.
  ▶ Get some rest and you'll feel better.

Practice 1 주어진 표현을 이용해서 문장을 완성해 보세요.

얼마나 ~ 했니? / How long ~ ?

1	싱글이 된지 얼마나 된 거야? single	How long have you been ______?
2	여기서 일 한지 얼마나 되었어요? working here	How long have you been ______?
3	군대에 얼마나 오래 있으셨어요? in the military	How long have you been ______?
4	요리 수업을 들은 지 얼마나 되셨어요? taking cooking lessons	______?

~ 일 수도 있어 / It may be ~

1	네 가방일 수도 있잖아. your backpack	It may be ______.
2	가벼운 두통일 수도 있어. just a minor headache	It may be ______.
3	너구리일지도 몰라. a raccoon	It may be ______.
4	우연일지도 몰라. a coincidence	______.

Practice 2 주어진 표현을 이용해서 대화를 완성해 보세요.

A: What's that on your leg?

B: Oh, this? 1. 그냥 발진일지도 몰라. (just a rash)

A: 2. 얼마나 오래 그랬던 거야? (had that)

B: Since we went hiking in Namsan.

A: Does it itch?

B: Not really. It will go away soon. I'm not worried.

사랑에 빠진 친구에게

당신의 외국인 친구 캐런이 한국에 온 지도 열흘이 지났어요. 오늘은 그녀가 당신에게 누군가를 소개시켜 주겠다고 하네요. 약속 장소에 나가보니 그녀가 어떤 남자와 다정하게 앉아 있습니다. 눈빛을 보니 그 남자와 사랑에 빠진 게 분명하군요. 서로 사귀게 된 지 3일이 되었다고 하는 친구에게 당신은 뭐라고 말하겠습니까?

Choice A	Choice B
너의 반쪽을 찾았다니 너무 기뻐. Go to Page 80	**남자 친구가 몇 명인 거니?** Go to Page 81

I'm glad you found your significant other.

너의 반쪽을 찾았다니 너무 기뻐.

'I'm glad ~'는 '~ 해서 기뻐'라는 뜻으로 기쁜 감정을 말할 때 쓰는 표현이에요. **I'm glad ~** 뒤에 무엇 때문에 기쁜 것인지 '주어 + 동사' 의 형태로 이유를 쓰면 됩니다. **I'm happy ~**라고 해도 기쁜 의미를 전달할 수 있어요.

예문

I'm glad you are here. 네가 여기 있어 기뻐.

I'm glad tomorrow is Friday. 내일이 금요일이라 기뻐.

I'm glad you came to my wedding. 네가 결혼식에 와 줘서 기뻐.

Dialogue

A: So, what do you think about him? 그 사람 어때?

B: He's hot. I'm glad you found your significant other. 잘 생겼네. 너의 반쪽을 찾았다니 기뻐.

A: Who knew I would have a boyfriend in a foreign country? 외국에서 남친을 사귈지 누가 알았겠어?

Say It More

이 상황에서는 이렇게 말할 수도 있어요.

- 너희 둘 정말 잘 어울린다. 천생 연분 같아!
  ▶ You're perfect for each other. Like a match made in heaven!
- 좋은 사람 같아! 절대 놓치지 마.
  ▶ He's a keeper! Don't lose him.
- 서로 사랑하면 거리가 무슨 문제겠어?
  ▶ Long distance doesn't mean anything if you're in love.
- 저 사람 친구 중에 나한테 소개해 줄 싱글은 없대?
  ▶ Does he have any available friend for me?

How many boyfriends do you have?

남자 친구가 몇 명인 거니?

'How many ~ ?'는 개수나 수량을 물어볼 때 쓰는 표현이에요. **How many** 바로 뒤에 물어보는 물품을 쓰면 되는데 **-s** 나 **-es** 를 붙여 복수 형태로 써야 합니다. 만일 물어보는 물품이 액체, 가루 등 셀 수 없는 것들인 경우에는 **How much ~ ?**를 써 주세요.

예 문

How many family members do you have? 가족이 몇 명이에요?

How many cats do you have? 고양이가 몇 마리에요?

How much money do you have? 돈이 얼마나 있나요?

Dialogue

A: Isn't he gorgeous? 그 사람 멋지지 않아?

B: Yes, but how many boyfriends do you have? Five, six? 그래 하지만 남자 친구가 몇 명인 거니? 다섯, 여섯?

A: Relax. He's just a fling while I'm visiting Korea. 진정해. 한국에 있는 동안 그냥 재미 좀 보는 거야.

Say It More

이 상황에서는 이렇게 말할 수도 있어요.

- 본국에 남친 있다고 하지 않았어?
  ▶ Didn't you tell me you have a boyfriend back home?
- 너 정말 영계만 좋아하는 구나. 너한테 너무 어리지 않니?
  ▶ You're such a cougar. Isn't he too young for you?
- 철 좀 들어! 그만 집적 대란 말이야!
  ▶ Grow up! Stop flirting with every guy!
- 아시아 남자도 좋아하는 줄 몰랐네.
  ▶ I didn't know you're into Asian men.

Practice 1 주어진 표현을 이용해서 문장을 완성해 보세요.

~ 해서 기뻐 / I'm glad ~

1	내가 그 자리에 없어서 다행이다. I was not there	I'm glad ______________.
2	그 사람이 복직해서 기뻐. he went back to work	I'm glad ______________.
3	네가 좋아져서 기뻐. you got better	I'm glad ______________.
4	네가 행복해서 기뻐. you are happy	______________.

얼마나 ~ 하니? / How many ~ ?

1	책을 몇 권 읽은 거니? books have you read	How many ______________?
2	펜 몇 개 있어? pens do you have	How many ______________?
3	와인을 얼마나 마신 거야? wine did you drink	How much ______________?
4	몇 명을 초대했어? people did you invite	______________?

Practice 2 주어진 표현을 이용해서 대화를 완성해 보세요.

A: 1. 몇 명이나 오니? (people are coming)

B: Just a few. They are my best friends.

A: Do they speak English?

B: Some do. Some don't. Don't worry. I'll be your translator.

A: 2. 이 지역 사람들과 마침내 어울릴 수 있어 기뻐. (I finally can hang out with some locals)

B: I'm sure you'll have great time tonight.

19 사랑으로 힘들어 하는 친구에게

친구 캐런이 한국을 떠나기 바로 전날 밤입니다. 당신은 그녀와 둘만의 이별 파티를 하려고 동네 근처 호프집에 있습니다. 맥주를 마시며 얼마 전에 만난 남자의 근황을 물어보자 캐런이 울먹이며 헤어졌다고 하네요. 그 남자에게 이미 여자 친구가 있었다는 거였어요. 남자 문제로 힘들어 하는 친구에게 당신은 뭐라고 말하겠습니까?

Choice A	Choice B
안 됐다. Go to Page 84	**나쁜 놈!** Go to Page 85

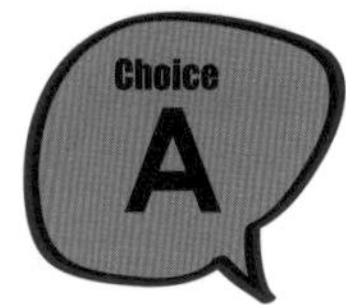

I'm sorry to hear that.

안 됐다.

I'm sorry to ~는 상대방에게 안타까운 심경이나 미안한 마음을 전달할 때 쓰는 표현이에요. '~ 해서 안 됐어', '~ 해서 유감이야' 혹은 '~ 해서 미안해'라는 뜻이죠. **I'm**을 빼고 **Sorry to ~** 라고도 자주 쓴답니다.

예문

I'm sorry to offend you. 화나게 해서 미안해.

I'm sorry to say this. 이런 말을 해서 유감이야.

I'm sorry to wake you up. 깨워서 미안해요.

Dialogue

A: I've decided to break up with Jinsu. 진수와 헤어지기로 했어.

B: Why? You were so happy with him. 왜? 그 사람하고 행복했잖아.

A: I think the long-distance relationship is not gonna work out. 장거리 연애가 안 될 것 같아.

B: I'm so sorry to hear that. 안 됐다.

이 상황에서는 이렇게 말할 수도 있어요.

- 그 남자와 함께 할 운명이 아니었겠지. 다 그런 거 아니겠어?
  ▶ You're not meant to be with him. It is what it is.
- 세상에는 남자들이 정말 많아.
  ▶ There are so many guys out there.
- 다 잊어. 내일 할 일만 생각해.
  ▶ Forget about him. Just focus on what you're supposed to do tomorrow.
- 새로운 사랑이 곧 찾아 올 꺼야. 정말이야!
  ▶ A new love will knock at your door soon. Trust me!

What a bastard!

나쁜 놈!

'What a + 명사!'는 감탄, 기쁨, 분노, 탄식 등 자신의 감정을 솔직하게 드러낼 때 사용하는 표현이에요. 특히 다음의 예문들은 아주 짧게 나의 감정을 말할 수 있는 표현이니까 잘 익혀 두었으면 합니다.

예 문

What an **idea!** 좋은 생각이야.

What an **idiot!** 정말 바보군!

What a **rip-off!** 정말 싸구려네!

Dialogue

A: What are you going to do with Jinsu? 진수랑 어떻게 할거야?

B: We broke up. He has a fiancé. He lied to me the whole time. 헤어졌어. 그 사람 약혼자가 있더라구. 나한테 내내 거짓말을 한 거야.

A: What a bastard! 나쁜 놈!

B: I know! 내 말이!

이 상황에서는 이렇게 말할 수도 있어요.

- 내가 그럴 줄 알았어! 내가 바람둥이라고 그랬지?
  ▶ I knew it! Didn't I tell you he's a player?
- 약혼자한테 그 자식이 한 짓을 다 말해 버리지 그래?
  ▶ Why don't you tell his fiancé what he did to you?
- 그 자식은 너하고 정말 안 어울렸다구.
  ▶ The bastard was way out of your league.
- 더 깊어지기 전에 끝내서 다행이다.
  ▶ I'm glad you're done with him before it got too serious.

Practice 1 주어진 표현을 이용해서 문장을 완성해 보세요.

~ 해서 미안해요 / I'm sorry to ~

1	방해해서 죄송해요. bother you	I'm sorry to ______________.
2	혼란을 드려서 미안해요. confuse you	I'm sorry to ______________.
3	실망시켜드려 죄송해요. let you down	I'm sorry to ______________.
4	다시 요청 드려서 미안해요. ask you again	______________.

정말 ~ 하네! / What a ~ !

1	정말 부끄러워! shame	What a ______________!
2	이렇게 우연 일수가! coincidence	What a ______________!
3	정말 아깝네! waste	What a ______________!
4	정말 멋진 날이네! day	______________!

Practice 2 주어진 표현을 이용해서 대화를 완성해 보세요.

A: Today is the last day before you go back to London. How do you feel?

B: Sad to leave. But happy to sleep in my own bed. Korean mattresses are so hard.

A: By the way, 1. 진수하고 무슨 일이 있었는지 들어서 유감이야. (hear what happened with Jinsu)

B: Well, he's not the right kind of guy. Who knew he's married, right?

A: 2. 나쁜 놈 같으니라구! (prick)

B: Change the subject. When are you going to visit me in London?

외국인 친구와의 작별

당신은 캐런을 배웅하기 위해 인천 공항에 왔습니다. 티켓 수속을 마치고 이제 그녀와 작별 인사를 할 때가 되었습니다. 2주일 동안 정이 많이 들어서인지 그녀와 마지막 포옹을 하며 많은 생각이 드네요. 그녀에게 작별 인사로 다시 만날 것을 기약할까요? 아니면 눈물을 참으며 도착하면 연락하라는 이성적인 말을 하는게 좋을까요? 당신은 뭐라고 하겠습니까?

Choice A	Choice B
내년에도 네가 오면 좋겠다. Go to Page 88	**집에 도착하자마자 문자 해.** Go to Page 89

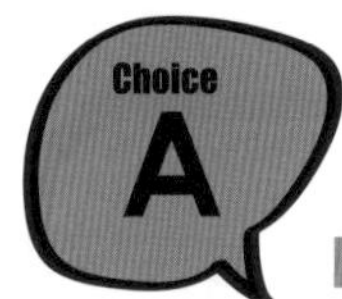

I hope you can visit me again next year.

내년에도 네가 오면 좋겠다.

'I hope ~'는 '~ 하면 좋겠어'라는 뜻으로 자신의 희망이나 바램을 말할 때 쓰는 표현이에요. 구체적으로 무엇을 희망하는지 hope 뒤에 '주어 + 동사' 의 형태로 쓰면 됩니다. 앞에서 배운 I wish 역시 소망을 나타내는 표현이지만 약간의 차이가 있어요. I wish는 '이루어 지지 않은 일'이 일어나기를 소망하는 반면 I hope는 '일어날 가능성이 있는 일'을 희망하는 표현이에요.

예 문

I hope **I can see him again.** 그 사람을 다시 볼 수 있으면 좋겠어.

I hope **we can go on a trip together.** 같이 여행을 갈 수 있으면 좋겠어.

I hope **we can meet again.** 우리 다시 만날 수 있으면 좋겠어.

Dialogue

A: I hope you can visit me again next year.내년에도 네가 오면 좋겠다.

B: Why don't you come to London next year? 내년에 네가 런던에 오는 건 어때?

A: Really? I'd love to! 진짜로? 그러고 싶어!

Say It More

이 상황에서는 이렇게 말할 수도 있어요.

- 내년에는 내가 너한테 갈게.
  ▶ I'll visit you next year.
- 내년에는 중간 쯤에서 만날까?
  ▶ Why don't we meet in the middle next year?
- 네가 한국에서 좋은 시간을 보냈기를 바라.
  ▶ I hope you had a great time in Korea.
- 건강해. 소식 계속 전해 줘.
  ▶ Be well. Keep me posted.

Text me as soon as you are home.

집에 도착하자마자 문자 해.

as soon as ~는 '~ 하자 마자'라는 뜻으로 두 가지 행동이 동시에 일어날 때 쓰는 표현이에요. as soon as 뒤에는 꼭 '주어 + 동사' 형태의 문장을 써야 합니다.

예 문

Call me as soon as **you arrive.** 도착하자마자 전화 해.

Wake me up as soon as **you hear the news.** 소식을 듣자마자 깨워 주세요.

The baby cried as soon as **she saw me.** 아기가 날 보자마자 울더라구.

Dialogue

A: It was the best vacation ever! Thank you for everything. 최고의 여행이였어. 모두 다 고마워.

B: Text me as soon as you are home. 집에 도착하자마자 문자 해.

A: I will. Promise you will visit me in London next year. 그럴게. 내년에 런던에 오겠다고 약속해.

B: I promise. Bon voyage! 약속할게. 잘 가!

이 상황에서는 이렇게 말할 수도 있어요.

- 보딩 시간이 언제니?
  ▶ When's your boarding time?
- 어디에서 환승하는 거야? 거기서 얼마나 있는 거지?
  ▶ Where do you transfer? How long is your layover?
- 몇 시에 런던에 도착하는 거니?
  ▶ What time do you arrive in London?
- 환승하면서 와이파이 되면 문자 해.
  ▶ If you have WiFi, text me during your layover.

Practice 1 주어진 표현을 이용해서 문장을 완성해 보세요.

~ 하면 좋겠어 / I hope ~

1	내 자켓이 아직 벤치에 있으면 좋겠어. my jacket is still on the bench	I hope ____________.
2	당신이 경연대회에서 우승하면 좋겠어요. you can win the contest	I hope ____________.
3	그 사람이 날 내버려 두었으면 좋겠어요. he leaves me alone	I hope ____________.
4	오늘 밤 그냥 쉬었으면 좋겠어요. I can just relax at home tonight	____________.

~ 하자 마자 / as soon as ~

1	커피숍을 보자마자 우회전 하세요. you see the coffee shop	Turn right as soon as ____________.
2	내가 들어오자마자 문을 잠궈. I come in	Lock the door as soon as ____________.
3	개를 찾는 즉시 알려 주세요. you find my dog	Let me know as soon as ____________.
4	그가 의식이 돌아오면 즉시 연락하세요. he's conscious	Call me ____________.

Practice 2 주어진 표현을 이용해서 대화를 완성해 보세요.

A: When is your boarding time?

B: 2:30. I still have plenty of time.

A: 1. 비행기 안에서 네가 잠을 좀 잘 수 있으면 좋겠다. (you can get some sleep on the plane)

B: I just hope there's no crying baby near me.

A: Well, this is it. 2. 런던에 도착하자마자 문자 해. (Text me / you arrive in London)

B: I will. I'm going to miss you so much.

3. 외국인 직장 동료가 오다

영어로 자기 소개하기

당신은 게임 관련 회사에서 3년차 대리로 일하고 있습니다. 이번에 외국 회사와 합병을 하면서 당신 부서에 미국인 팀장님과 팀원 한 명이 새로 부임했어요. 월요일 첫 미팅에서 당신을 소개해야 합니다. 쿨하게 영어 이름만 말하겠습니까? 아니면 환영의 인사말을 영어로 하겠습니까? 영어 울렁증이 다시 시작된 당신, 새로 온 외국 동료에게 무슨 말을 하겠습니까?

Choice A	Choice B
함께 일하게 되어 기대가 커요. Go to Page 94	**린다라고 부르세요.** Go to Page 95

I'm looking forward to working with you.

함께 일하게 되어 기대가 커요.

I'm looking forward to ~는 '~를 기대해요'라는 뜻으로 앞으로의 일에 대한 기대감이나 기쁨을 표현할 때 쓰는 말이에요. to 뒤에 동사를 쓸 때는 반드시 ~ing 형태를 써야 합니다.

예 문

I'm looking forward to **meeting you.** 곧 만나요.

I'm looking forward to **the concert.** 콘서트 정말 기대가 돼요.

I'm looking forward to **seeing you soon.** 곧 만나길 기대할게요.

Dialogue

A: I'm looking forward to working with you. 함께 일하게 되어 기대가 큽니다.

B: It's so nice to meet you. 만나서 정말 반가워요.

A: Let me know if you need any help. 도움이 필요하시면 말씀해 주세요.

이 상황에서는 이렇게 말할 수도 있어요.

- 말씀 많이 들었어요.
  ▶ I've heard so much about you.
- 도움이 필요하시면 알려 주세요. 기꺼이 도와 드릴게요.
  ▶ Let me know if you need any help. I'll be glad to help you.
- 조만간 환영 파티를 해야 겠네요.
  ▶ We should throw a welcome party soon.
- 빨리 새 환경에 적응하시길 바래요.
  ▶ I hope you get used to the new environment soon.

Call me Linda.

린다라고 부르세요.

My name is ~는 공식적으로 자신의 이름을 말할 때 쓰는 표현이에요. 성과 이름을 모두 말하는 경우가 많아서 좀 딱딱한 느낌이 있어요. 이에 비해서 **Call me ~**는 '~ 라고 부르세요'라는 뜻으로 친근한 느낌을 전달하는 표현이에요. 자신의 별명이나 영어 이름 등을 말할 때 많이 써요.

예 문

Call me dad. 아빠라고 부르렴.

Call me Mary. 매리라고 하세요.

Just call me TJ. 그냥 TJ 라고 불러.

Dialogue

A: I'm Jason. What's your name? 저는 제이슨입니다. 성함이 어떻게 되세요?

B: Call me Linda. That's my English name. 린다라고 부르세요. 제 영어 이름이에요.

A: Nice to meet you, Linda. 만나서 반가워요, 린다.

Say It More 이 상황에서는 이렇게 말할 수도 있어요.

- 박지은입니다. 온라인 마케팅 부서에요.
  ▶ I'm Jieun Park. Online Marketing Department.
- 토마스씨, 제 옆 자리에요. 환영합니다.
  ▶ Mr. Thomas, you're sitting right next to me. Welcome.
- 외국인 직장 동료가 처음이에요.
  ▶ My first time to work with foreign co-workers.
- 영어를 잘 하지 못합니다.
  ▶ I can't speak English well.

Practice 1 주어진 표현을 이용해서 문장을 완성해 보세요.

~를 기대해요 / I'm looking forward to ~

1	당신에 관한 소식을 듣길 바래요. hearing from you	I'm looking forward to ______________.
2	당신을 더 잘 알게 되길 바래요. knowing you better	I'm looking forward to ______________.
3	다음 모임을 기대합니다. our next meeting	I'm looking forward to ______________.
4	새로운 인생을 시작하게 되어 기대가 됩니다. starting a new life	______________.

~라고 부르세요 / Call me ~

1	엄마라고 부르렴. mom	Call me ______________.
2	김 장군이라고 부르세요. General Kim	Call me ______________.
3	줄리라고 부르세요. Julie	Call me ______________.
4	자기라고 불러. honey	______________.

Practice 2 주어진 표현을 이용해서 대화를 완성해 보세요.

A: Nice to meet you, Ms. Bae.

B: 1. 그냥 자넷이라고 부르세요. (Janet)

A: Okay, Janet. 2. 팀에 합류하게 되어서 기대가 큽니다. (being in your team)

B: Likewise. I'm happy to have you in our team. Let me know if you need help.

A: Where can I get the key card for the office?

B: Jaehee in HR will give you the card momentarily.

외국인 팀장님의 패션 감각

당신의 부서로 새로 부임한 팀장님은 남다른 패션 감각의 소유자입니다. 오늘은 파란색 땡땡이 무늬가 도드라진 핑크색 자켓을 입고 오셨어요. 지금 탕비실에는 팀장님과 당신 밖에 없습니다. 두 사람 사이에 어색한 침묵이 흐르고 있어요. 그에게 뭐라고 한마디 해야 할 것 같은데 딱히 떠오르는 것은 땡땡이 자켓 밖에 없습니다. 그에게 뭐라고 말하겠습니까?

Choice A	Choice B
자켓 좋아 보여요. Go to Page 98	**너무 과한 거 아니에요?** Go to Page 99

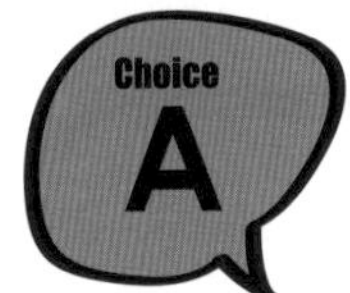

I like your jacket.

자켓 좋아 보여요.

I like your ~를 직역하면 '나는 너의 ~ 가 좋다' 가 되잖아요? 이 표현은 상대의 어떤 면을 칭찬하고 싶을 때 쓰는 표현이에요. '~ 좋은데요', '~ 가 좋아 보여요'라는 해석이 자연스러워요.

예 문

I like your **shoes.** 신발 멋져요.

I like your **earrings.** 귀걸이 좋은데요.

I like your **sunglasses.** 선글라스 좋아 보여요.

Dialogue

A: Wow. I like your jacket. 와. 자켓 좋아 보여요.

B: Thank you. 고마워요.

A: Where did you get it? 어디서 샀어요?

B: I ordered it online. 인터넷으로 주문했어요.

이 상황에서는 이렇게 말할 수도 있어요.

- 머리 색과 너무 잘 어울리세요.
  ▶ It goes well with your hair color.
- 그 자켓 입으니 10년은 더 젊어 보이시네요.
  ▶ You look 10 years younger in that jacket.
- 어디서 구입하셨어요? 우리 남자 친구도 하나 사 줘야 겠어요.
  ▶ Where did you get that? I wanna buy one for my boyfriend.
- 정말 잘 어울려요. 진짜에요.
  ▶ It looks so great on you. I mean it.

Isn't it too much?

너무 과한 거 아니에요?

Isn't it ~?은 '~ 한 거 아니니?'라는 뜻으로 상대에게 반문할 때 사용하는 표현이에요. 그리고 **too**는 '너무'라는 뜻으로 뒤에 나오는 말을 강조하는 역할을 해요. 만일 일반 문장 맨 뒤에 **too**가 나오면 '역시', '또한' 이란 뜻이 됩니다.

예 문

Isn't it too **hot?** 너무 덥지 않니?

Isn't it too **expensive?** 너무 비싸지 않니?

Isn't it too **long?** 너무 길지 않아?

Dialogue

A: What do you think of my new jacket? 제 새 자켓 어떤 것 같아요?

B: Hmm. Isn't it too much? 음. 너무 과한 거 아니에요?

A: Too much? You mean the polka dots are too much? 과하다구요? 땡땡이 무늬가 과하단 말인가요?

이 상황에서는 이렇게 말할 수도 있어요.

- 직장에서는 땡땡이 무늬를 잘 안 입죠.
  ▶ We usually don't wear polka dots at work.
- 남자 옷 맞아요? 와이프 옷 잘못 입고 온 거 아니죠?
  ▶ Are you sure this is for men? You're not wearing your wife's jacket, are you?
- 자켓과 바지가 전혀 안 어울려요.
  ▶ Your jacket doesn't go well with your pants.
- 디자인은 괜찮은 것 같은데 색깔이 너무 어두워요.
  ▶ The design seems okay but the color is too dark.

Practice 1 주어진 표현을 이용해서 문장을 완성해 보세요.

~ 가 좋아요 / I like your ~

1	당신 양복이 좋아 보여요. suit	I like your ______________.
2	당신 타이가 마음에 들어요. tie	I like your ______________.
3	당신이 만든 샌드위치가 맛있어요. sandwich	I like your ______________.
4	당신이 내린 커피가 좋아요. coffee	______________.

너무 ~ 한 거 아니니? / Isn't it too ~ ?

1	너무 슬프지 않아? sad	Isn't it too ______________?
2	너무 짧은 거 아니니? short	Isn't it too ______________?
3	너무 뻔한 거 아냐? obvious	Isn't it too ______________?
4	너무 어두운 거 아닌가? dark	______________?

Practice 2 주어진 표현을 이용해서 대화를 완성해 보세요.

A: What do you think of my suit?

B: Hmm. 1. 너무 과한 거 아니에요? (much)

A: What do you mean?

B: it's too bright.

A: I thought Koreans love bright colors.

B: We do but not yellow suits. But 2. 신발은 마음에 들어요. (shoes)

A: Thank you. Actually, these are my brother's.

팀장님과의 점심 식사

직장인들의 최대 고민은 점심 식사 메뉴를 결정하는 일입니다. 여기에 당신은 외국인 팀장님과 함께 점심을 먹을 것인가 말 것인가도 고민해야 합니다. 당신 부서는 자유롭게 점심 식사를 하는 분위기인데 타국에 홀로 있는 팀장님이 신경이 쓰이네요. 팀장님께 점심을 함께 먹자고 하시겠습니까? 아니면 그냥 식사를 하러 나가겠습니까?

Choice A	Choice B
같이 나가실까요? Go to Page 102	**점심 맛있게 드세요.** Go to Page 103

Do you want to go out with us?

같이 나가실까요?

Do you want to ~ ?는 '~ 할래요?'라는 뜻으로 어떤 일을 하고 싶은지 상대에게 의향을 물어 볼 때 쓰는 표현이에요. 실제 대화에서는 **You wanna ~ ?** 정도로 줄여서 말하는 경우가 많아요.

예 문

Do you want to **answer the question?** 질문에 대답하고 싶으세요?

Do you want to **go to New York?** 뉴욕에 가고 싶으세요?

Do you want to **color your hair?** 머리 염색을 하고 싶으세요?

Dialogue

A: What's for lunch? 점심으로 뭘 먹을 거에요?

B: Don't know. Maybe a sandwich. 모르겠어요. 아마 샌드위치를 먹을 것 같아요.

A: Do you want to go out with us? 같이 나가실까요?

B: I'd love to if you don't mind. 그러면 좋죠.

이 상황에서는 이렇게 말할 수도 있어요.

- 저희 순두부 찌게 먹으러 가는데 같이 가실래요?
  ▶ We're going to have spicy tofu soup. Wanna come?
- 시켜 먹으려고 하는데 같이 시킬래요?
  ▶ We're ordering in something. Do you want to order too?
- 근처에 맛집이 많아요. 어떤 음식을 드시고 싶으세요?
  ▶ There are a lot of nice restaurants. What kind of food do you want to eat?
- 오래 기다리지 않으려면 지금 나가야 해요.
  ▶ We gotta go now to beat the lunch crowd.

Enjoy your lunch.

점심 맛있게 드세요.

'Enjoy your ~'는 상대가 어떤 것을 즐기기를 바란다는 의미로 쓰는 말이에요. 대개 상대와의 대화를 마무리하면서 사용하는데 '~ 하세요' 라고 해석하면 좋아요. 명령문 형태지만 상대에게 즐기기를 강요하는 것은 아니에요.

예 문

Enjoy your trip. 여행 재미있게 하세요.

Enjoy your dinner. 저녁 식사 맛있게 드세요.

Enjoy your time with her. 그녀와 좋은 시간 보내세요.

Dialogue

A: What are you going to eat for lunch? 점심으로 뭐 먹을 거에요?

B: Maybe a sandwich. I just want to have something simple. 샌드위치나 먹을까 해요. 간단하게 해결하고 싶어요.

A: Okay. Enjoy your lunch, Mr. Cody. 알았어요. 점심 맛있게 하세요, 코디씨.

Say It More

이 상황에서는 이렇게 말할 수도 있어요.

- 뭐 사다 드릴까요?
  ▶ Do you want me to get something for you?
- 저는 밥 친구들이 있어요. 항상 같이 나가 먹죠.
  ▶ I have lunch friends. We always go out together.
- 저는 도시락을 싸가지고 다녀요.
  ▶ I have a lunch box.
- 저는 다이어트 중이라 점심은 안 먹어요.
  ▶ I don't eat lunch. I'm on a diet.

Practice 1 주어진 표현을 이용해서 문장을 완성해 보세요.

~ 할래요? / Do you want to ~ ?

1	비밀번호 바꿀래요? change the password	Do you want to ______________?
2	체스 둘래요? play chess	Do you want to ______________?
3	수영하러 갈래요? go swimming	Do you want to ______________?
4	킨 박사님을 만나고 싶으세요? meet Dr. Keane	______________?

~ 하세요 / Enjoy your ~

1	좋은 저녁 시간 되세요. evening	Enjoy your ______________.
2	식사 맛있게 하세요. meal	Enjoy your ______________.
3	책 재미있게 읽으세요. book	Enjoy your ______________.
4	휴가 재미있게 보내세요. vacation	______________.

Practice 2 주어진 표현을 이용해서 대화를 완성해 보세요.

A: What's for lunch today?

B: We're thinking of Chinese. 1. 같이 갈래요? (join us)

A: I'll pass. I brought my own lunch. Salad.

B: Salad? Is that enough?

A: Of course not. But I'm on a diet.

B: All right. 2. 샐러드 맛있게 드세요. (salad)

영어로 걸려 온 전화

당신의 회사에 외국인 팀장님이 오면서 영어 전화가 자주 오기 시작했습니다. 영어 울렁증이 있는 당신은 영어 전화가 오면 무조건 미국에서 살다 온 동료에게 패스하기로 했습니다. 어느 날 무심결에 전화를 받았는데 아차! 영어 전화이군요. 영어 듣기 문제보다 10배는 더 빠른 영어로 뭐라고 하는데 무슨 말인지 모르겠어요. 마침 그 동료는 자리를 비운 상태입니다. 전화에 대고 뭐라고 하시겠습니까?

Choice A	Choice B
메시지 남기시겠어요? Go to Page 106	**전화 잘못 하셨어요.** Go to Page 107

Would you like to leave a message?

메시지 남기시겠어요?

Would you like to ~ ?는 '하시겠어요?'라는 뜻으로 상대의 의향을 물어보는 표현이에요. 앞에서 배운 Do you want to ~ ?보다 좀 더 공손한 느낌을 가진 표현입니다.

예 문

Would you like to **order?** 주문 하시겠어요?

Would you like to **get it gift-wrapped?** 선물 포장 하시겠어요?

Would you like to **use your reward points?** 포인트 쓰시겠어요?

Dialogue

A: May I speak to Mr. Cody? 코디씨와 통화할 수 있을까요?

B: He's not available at the moment. Would you like to leave a message?
지금 통화를 하실 수가 없어요. 메시지 남시기겠어요?

A: No, it's okay. I'll give him a call later. Thank you. 아뇨, 괜찮아요. 나중에 전화하죠. 감사합니다.

Say It More 이 상황에서는 이렇게 말할 수도 있어요.

- 실례지만 전화 하시는 분이 누구신가요?
  ▶ May I ask who's calling?
- 좀 천천히 말씀해 주시겠어요?
  ▶ Would you please speak slowly?
- 실례지만 누구를 찾으신다구요?
  ▶ May I ask whom you're calling for?
- 30분 뒤에 전화 해 주시겠어요?
  ▶ Do you mind calling back in 30 minutes?

You must have called the wrong number.

전화 잘못 하셨어요.

must have p.p는 '~였음에 틀림 없어요'라는 뜻으로 이전의 일에 대해 확신을 하며 말할 때 쓰는 표현입니다. 그리고 **call the wrong number**는 '전화를 잘못하다'라는 의미에요.

예 문

You must have done it. 당신이 그랬던 게 분명해요.

You must have seen the answers. 당신이 정답을 본 게 틀림 없어요.

He must have been so busy. 그 사람 바빴던 게 분명해요.

Dialogue

A: May I speak to Mr. Cody? This is Palm Chang from M&D Media. 코디씨와 통화할 수 있을까요? 저는 M&D 미디어 팜 챙입니다.

B: Hmm···. You must have called the wrong number. 음··· 전화 잘못 하셨어요.

A: That's weird. I just talked to him on this number. 이상하네요. 그 사람하고 이 번호로 방금 통화했는데.

B: Sorry. Wrong number. Bye. 미안해요. 잘못 거셨어요. 이만.

Say It More

이 상황에서는 이렇게 말할 수도 있어요.

- 전화가 자꾸 끊어져서 안 들려요.
  ▶ You're breaking up. I can barely hear you.
- 잘 안 들려요. 크게 좀 말씀해 주세요.
  ▶ I can't hear you. Would you speak up, please?
- 코디라는 사람은 이 회사에 없어요.
  ▶ We don't have a Mr. Cody in this company.
- 잠시 기다리세요. 영어 하는 사람을 바꿔 드릴 게요.
  ▶ Hold on. I'll put someone on the phone who can speak English.

Practice 1 주어진 표현을 이용해서 문장을 완성해 보세요.

~ 하시겠어요? / Would you like to ~ ?

1	예약 하시겠어요? make a reservation	Would you like to ____________?
2	체크인 하시겠어요? check in	Would you like to ____________?
3	자리를 바꾸고 싶으세요? change your seat	Would you like to ____________?
4	한 잔 더 하시겠어요? have another drink	____________?

~ 였음에 틀림 없어요 / must have p.p. ~

1	그녀가 피곤했던 게 분명해요. She / been tired	________ must have ________.
2	그들은 혼란스러웠던 게 틀림없어요. They / been confused	________ must have ________.
3	제가 깜박했던 게 틀림없어요. I / forgotten	________ must have ________.
4	당신이 그녀 이야기를 들은 게 분명해요. You / heard about her	____________.

Practice 2 주어진 표현을 이용해서 대화를 완성해 보세요.

A: Hello. May I speak to Mr. Simson?

B: Hmm... 1. 전화 잘못 하셨어요. (called the wrong number) We don't have anyone by that name.

A: Isn't it K&T Games? I'm trying to reach the new director.

B: Oh, you mean Mr. Cody.

A: Yes, Mr. Cody. I must have confused their names.

B: He's off today. 2. 핸드폰으로 전화 하시겠어요? (call him on his cell phone)

A: It's okay. I'll call tomorrow.

25 외국인 동료에게 업무 부탁하기

새로운 외국인 팀원이 합류하면서 당신 부서의 업무 분장이 살짝 꼬이게 되었습니다. 새 직원이 한국 사람이면 쉽게 업무 조정을 할 수 있는데 미국인에게 영어로 해야 하니까 업무 분담이 제대로 되지 않습니다. 오늘도 당신에게 새로운 업무가 주어졌어요. 당신은 다른 일로 바빠서 이 업무를 미국인 동료에게 부탁하기로 했습니다. 일을 넘기면서 그에게 무슨 말을 하겠습니까?

Choice A	Choice B
신세 꼭 갚을게. Go to Page 110	**내일까지 꼭 끝내도록 해.** Go to Page 111

I promise I'll make it up to you.

신세 꼭 갚을게.

I promise I will ~는 '꼭 ~ 할 거에요'라는 뜻으로 상대방에게 약속을 하듯 자신의 의지를 전달할 때 쓰는 표현이에요. 이와 비슷한 표현으로 **I swear ~**가 있는데, '~를 맹세해요'라는 뜻이에요.

예 문

I promise I will **always be with you.** 너와 항상 함께 할게.

I promise I will **make you proud.** 네가 날 자랑스러워 할 수 있도록 노력할게.

I promise I will **study harder.** 더 열심히 공부할 게요.

Dialogue

A: Can you take over the illustration of Cora Cora? My hands are full. 코라코라 삽화를 맡아 주겠어? 내가 너무 할 일이 많아서.

B: Yeah. No problem. 그렇게 할게.

A: Thank you. **I promise I'll make it up to you.** 고마워. 신세 꼭 갚을게.

Say It More

이 상황에서는 이렇게 말할 수도 있어요.

- 제가 정말 급한 업무가 있어서.
  ▶ I have an urgent project to do.
- 내가 맛있는 저녁 살게.
  ▶ I'll buy you a nice dinner.
- 정말 고마워. 이번엔 너한테 신세를 졌네.
  ▶ Thanks a million. I owe you a lot this time.
- 너도 도움이 필요하면 알려 줘. 서로 도우면서 살아야지.
  ▶ Let me know if you need help. We gotta cover each other's back.

Make sure to finish by tomorrow.

내일까지 꼭 끝내도록 해.

Make sure to ~는 상대에게 어떤 일을 꼭 하도록 당부할 때 쓰는 표현이에요. 우리말로 '꼭 ~ 하도록 해', '잊지 말고 ~ 해'라는 말이 가장 어울리는 표현이에요.

예문

Make sure to **be on time.** 제 때 오도록 해.

Make sure to **follow us on social media.** 소셜미디어에서 우리 회사를 팔로우 하세요.

Make sure to **update your computer.** 컴퓨터 업데이트를 꼭 하세요.

Dialogue

A: Carl, I want you to take over the illustration of Cora Cora. 칼, 당신이 코라코라 삽화를 맡아 줬으면 해.

B: I can't. I'm working on other illustrations. 안 돼요. 다른 삽화를 하고 있다구요.

A: Cora Cora is more urgent. Make sure to finish by tomorrow. 코라코라가 더 급해. 내일까지 꼭 끝내도록 해.

Say It More

이 상황에서는 이렇게 말할 수도 있어요.

- 일 끝내기 전에는 집에 갈 생각 하지 마.
  ▶ Don't even think of going home before you finish the project.
- 오늘 야근할 수도 있어.
  ▶ We may have to work overtime tonight.
- 신입은 원래 바쁜 거야. 배워야 할 게 많잖아.
  ▶ A new employee should be busy. You have so many things to learn.
- 내 업무가 너무 많아. 업무 조정이 꼭 필요해.
  ▶ I have tons of work to do. We need to adjust the workload.

Practice 1 주어진 표현을 이용해서 문장을 완성해 보세요.

꼭 ~ 할 거에요 / I promise I will ~

1	다음 주 월요일까지 끝내겠어요. finish it by next Monday	I promise I will ______________.
2	제리를 위해 꼭 시간을 내겠어요. take my time for Jerry	I promise I will ______________.
3	꼭 제 방을 청소할 거에요. clean my room	I promise I will ______________.
4	당신 일기를 절대 읽지 않겠어요. never read your journal	______________.

꼭 ~ 하도록 해 / Make sure to ~

1	꼭 손을 씻도록 해. wash your hands	Make sure to ______________.
2	고무 장갑을 끼도록 해. wear rubber gloves	Make sure to ______________.
3	핸드폰 매너 모드로 하도록 하세요. silence your phone	Make sure to ______________.
4	물을 충분히 마시도록 하세요. drink enough water	______________.

Practice 2 주어진 표현을 이용해서 대화를 완성해 보세요.

A: Carl, would you do me a favor?

B: It depends. What is it?

A: Can you cover my shift tomorrow? I need to take my mom to the hospital.

B: Tomorrow is my only day off.

A: Pretty please. 1. 다음 달 당신 주말 당번을 내가 꼭 맡을게. (take your weekend shifts next month.)

B: Deal! 2. 타라에게 내가 일한다고 꼭 말해. (tell Tara I'm working tomorrow)

업무 미팅에서 의견 말하기

당신은 지금 팀원들과 함께 업무 미팅을 하고 있습니다. 외국인 직원들이 있어 업무 미팅은 영어와 한국어가 섞여서 진행되고 있습니다. 새로 온 미국인 팀장님이 미국에서 실패했던 SNS 프로젝트를 한국에서 런칭하자는 의견을 내는 군요. 아무도 의견을 제시하지 않자 팀장님이 당신의 이름을 부르며 생각을 물어봅니다. 당신은 팀장에게 뭐라고 말하겠습니까?

Choice A	Choice B
한국에서 대박 칠 겁니다. Go to Page 114	**또 잘 안 되면 어떻게 하죠?** Go to Page 115

I believe it will go viral in Korea.

한국에서 대박 칠 겁니다.

'I believe ~ '는 '확실히 ~ 할 거에요', '~ 할 거라고 믿어요'라는 뜻으로 어떤 일에 대해서 확신을 가지고 말할 때 쓰는 표현이에요. I believe 뒤에 '주어 + 동사' 형태의 문장을 써 주세요. 또한 go viral은 '아주 성공하다', '대박 나다' 이란 뜻이에요.

예문

I believe **I can do it.** 내가 할 수 있다고 믿어요.

I believe **you will do great.** 당신이 잘 할 거에요.

I believe **you will get well soon.** 당신이 곧 회복할 거라고 믿어요.

Dialogue

A: What do you think, Linda? 어떻게 생각해요, 린다?

B: I believe it will go viral in Korea. 한국에서 대박 칠 겁니다.

A: That's what I'm talking about. 바로 그거에요.

이 상황에서는 이렇게 말할 수도 있어요.

- 저도 당신 생각에 동의해요.
  ▶ I totally agree with you.
- 역시 우리는 다른 시각이 필요했어요.
  ▶ We always needed a different perspective.
- 정말 괜찮은 생각 같아요.
  ▶ That's an excellent idea.
- 미국에서 실패했다고 한국에서 성공하지 못한다는 보장은 없잖아요.
  ▶ The failure in the US doesn't mean it won't succeed in Korea.

What if it doesn't work out again?

또 잘 안 되면 어떻게 하죠?

'What if ~ ?'는 '~ 하면 어떻게 하죠?'라는 뜻으로 일어나지 않은 일에 대해서 가정하는 표현이에요. **What if** 뒤에는 주로 염려가 되는 일을 쓰는데 반드시 '주어 + 동사' 의 문장 형태를 써야 해요.

예문

What if you are wrong? 당신이 틀리면 어떻게 하죠?

What if she lied to us? 그녀가 우리에게 거짓말을 했으면 어쩌죠?

What if he doesn't recognize us? 그가 우리를 못 알아보면 어떻게 하지?

Dialogue

A: I think Koreans will love our new eco-friendly campaign. 한국 사람들이 우리의 친환경 캠페인을 좋아할 거라고 생각해요.

B: What if it doesn't work out again? 또 잘 안 되면 어떻게 하죠?

A: You really think so? 정말 그럴 거라고 생각해요?

이 상황에서는 이렇게 말할 수도 있어요.

- 마케팅은 제 분야가 아니에요. 전 일러스트 담당이잖아요.
  ▶ Marketing is not my area of expertise. I'm an illustrator.
- 먼저 이 프로젝트에 대한 다른 분들 생각을 들어보고 싶어요.
  ▶ I'd first like to hear what others think of this project.
- 전 팀장님 생각과는 전혀 다른 시각이에요.
  ▶ I have quite a different view from yours.
- 우리가 좀 더 시간을 가지고 생각을 해야 한다고 봐요.
  ▶ I think we should sleep on it.

Practice 1 주어진 표현을 이용해서 문장을 완성해 보세요.

~할 거라 믿어요 / I believe ~

1	우리가 다시 만날 거라 믿어요. we will meet again	I believe ________.
2	분명히 그녀가 뭔가를 꾸미고 있어. she's up to something	I believe ________.
3	그가 성공할 거라 믿어. he will make it	I believe ________.
4	당신이 우릴 실망시키지 않을 거라 믿어요. you will not disappoint us	________.

~하면 어떻게 하죠? / What if ~ ?

1	내가 큰 실수를 하면 어떻게 하죠? I make a huge mistake	What if ________?
2	그가 사무실을 벌써 나갔으면 어쩌죠? he left the office already	What if ________?
3	비행기를 놓치면 어쩌죠? we miss the flight	What if ________?
4	캠핑장에 물이 없으면 어쩌죠? there is no water at the campsite	________?

Practice 2 주어진 표현을 이용해서 대화를 완성해 보세요.

A: I think Mr. Park is perfect for the new CFO position.

B: 1. 그 사람이 서울에 오고 싶어하지 않으면 어쩌죠? (he doesn't want to move to Seoul)

A: What do you mean?

B: He's very happy where he is now.

A: 2. 전 그가 그 자리에 올 거라고 믿어요. (he'll take the position)

B: Ask him the next time you talk with him.

어려운 질문에 답변하기

한국이 처음인 미국 직장 동료는 호기심이 많은 사람입니다. 새로운 것을 접할 때마다 같은 부서에 있는 사람들에게 질문을 쏟아 냅니다. 오늘은 북한이 개성공단을 폐쇄할 것이라는 뉴스를 보고 당신에게 북한에 대한 질문을 하네요. 당신은 평소 북한 문제에 관심이 없을 뿐만 아니라 당신의 영어 실력으로는 이 민감한 주제를 다룰 수 없을 것 같아요. 당신의 대답을 기다리는 직원에게 뭐라고 하겠습니까?

Choice A	Choice B
설명하기 힘드네요. Go to Page 118	**내가 한국 사람이라고 북한 문제를 다 아는 건 아니에요.** Go to Page 119

It's hard to explain.

설명하기 힘드네요.

It's hard to ~는 '~ 하기 힘드네요'라는 뜻으로 본인에게 곤란한 일이나 힘에 부치는 일을 말할 때 쓰는 표현이에요. **to** 뒤에는 동사의 기본형을 써 주세요. 반대 표현 '~하기 쉬워요' 라고 하고 싶으면 **It's easy to ~**라고 해 주세요.

예문

It's hard to **express my feelings.** 내 감정을 표현하기가 힘드네요.

It's hard to **start a new life.** 새로운 삶을 시작하는 건 어려워요.

It's so hard to **take the first step.** 첫 발을 떼는 게 너무 힘들어.

Dialogue

A: Why did North Korea blow up the liaison office in Gaesung? 왜 북한이 개성 연락소를 폭파시킨 거에요?

B: Well, it's hard to explain. 글쎄, 설명하기 힘드네요.

A: I wonder how South Korea will react to this military action. 남한이 이 군사 행동에 어떻게 대응할지 궁금하네요.

Say It More

이 상황에서는 이렇게 말할 수도 있어요.

- 아직 뉴스를 못 봤어요.
  ▶ I haven't watched the news yet.
- 김정은이 무슨 생각인지 어찌 알겠어요?
  ▶ Who knows what Kim Jongeun's thinking?
- 북한은 예측하기 힘든 나라잖아요.
  ▶ North Korea is very hard to predict.
- 아무 심각한 일도 없을 거에요. 항상 그렇듯 말이죠.
  ▶ Nothing serious will happen. As always.

Just because I'm a Korean doesn't mean I know everything about North Korea.

내가 한국 사람이라고 해서 북한 문제를 다 아는 건 아니에요.

Just because A doesn't mean B는 'A라고 해서 B하는 건 아니야'라는 뜻으로 A와 B가 별로 관련이 없다는 뜻으로 하는 말이에요. **because** 뒤에 '주어 + 동사' 의 형태를, **mean** 뒤에도 '주어 + 동사' 의 형태를 써 주세요.

예문

Just because I can speak Japanese doesn't mean I can easily get a job in Japan.
내가 일본어를 한다고 해서 일본에서 쉽게 일을 얻을 수 있는 건 아니에요.

Just because I don't eat much doesn't mean I'm on a diet.
많이 먹지 않는다고 다이어트를 하고 있다는 건 아니에요.

Just because I go to the movie with you doesn't mean we are on a date.
너와 영화를 보러 갔다고 해서 우리가 데이트를 하는 건 아니야.

Dialogue

A: What countries are allies of North Korea besides China and Russia?
중국, 러시아 말고 북한의 동맹국은 어디죠?

B: Just because I'm a Korean doesn't mean I know everything about North Korea.
내가 한국 사람이라고 해서 북한 문제를 다 아는 건 아니에요.

A: How can you not be concerned about North Korea? It's the biggest threat to your country. 북한 문제에 어떻게 관심이 없을 수 있죠? 당신 나라에 가장 큰 위협이 되는데.

이 상황에서는 이렇게 말할 수도 있어요.

- 당신이 미국 사람이라 미국 역사를 다 아는 건 아니 잖아요.
  ▶ Just because you're an American doesn't mean you know everything about US history.
- 난 정치에 전혀 관심이 없어요.
  ▶ I have no interest in politics.
- 잡담 할 시간 없어요. 할 일이 산더미 처럼 쌓여 있어요.
  ▶ No time to chit-chat. I have loads of work to do.

Practice 1 주어진 표현을 이용해서 문장을 완성해 보세요.

~ 하기 어려워요 / It's hard to ~

1	러시아어를 번역하기는 어려워요. translate Russian	It's hard to ______________.
2	당신이 쓴 것을 읽기가 힘들어요. read what you wrote	It's hard to ______________.
3	중국어 공부하기는 어려워요. study Chinese	It's hard to ______________.
4	자전거 가게를 찾기가 힘들어요. find a bike shop	______________.

A 하다고 해서 B 한 건 아니에요. / Just because A doesn't mean B

1	출근을 하지 않는다고 옷이 필요 없는 건 아니죠. I don't need any clothes	Just because I don't go to work doesn't mean ______________.
2	눈이 온다고 집에 하루 종일 있어야 하는 건 아니지. you can stay home all day	Just because it's snowing doesn't mean ______________.
3	하와이에 살았다고 서핑을 할 수 있는 건 아니죠. I can surf	Just because I lived in Hawaii doesn't mean ______________.
4	오빠라고 나한테 항상 명령을 할 수 있는 건 아니라구. you're my older brother	Just because ______________ doesn't mean you can always order me around.

Practice 2 주어진 표현을 이용해서 대화를 완성해 보세요.

A: Linda, what is this building?

B: Well, 1. 분간하기 힘드네요. (tell) The photo's too blurry. Who took the photo?

A: My dad did 20 years ago. He said it's one of the most famous temples in Korea. I thought you may know.

B: 2. 내가 한국 사람이라고 해서 한국의 절에 대해 다 아는 건 아니에요. (I'm a Korean / I know everything about Korean temples.) Besides, I'm Catholic.

업무 실수

오늘 당신의 부서에서 큰 일이 벌어졌습니다. 회사 인터넷 망에서 보안이 걸려 있던 파일이 사라진 것입니다. 알고 보니 누군가가 실수로 그 파일을 지운 것 같습니다. 그 파일에 접근할 수 있는 사람은 당신과 새로운 미국인 팀원 밖에 없습니다. 내가 실수를 한 것 같기도 하고 그 팀원이 파일을 지웠다는 생각도 드는 군요. 마침 미국인 팀장이 당신에게 면담 요청을 합니다. 그에게 뭐라고 하겠습니까?

Choice A	Choice B
제가 다시 확인했어야 했는데… Go to Page 122	**제가 파일을 지운 게 아니에요.** Go to Page 123

I should have double-checked.

제가 다시 확인했어야 했는데.

'~ 했어야 했는데' 라며 아쉬움을 표현하고 싶을 때는 **I should have p.p.** 구문을 활용해 보세요. 반대로 '~ 하지 말았어야 했는데' 라고 할 때는 **I shouldn't have p.p** 를 써 주세요.

예 문

I should have **talked earlier.** 일찍 말씀 드렸어야 했는데.

I should have **stopped her.** 그녀를 말렸어야 했는데.

I shouldn't have **left him alone.** 그를 혼자 두지 말았어야 했는데.

Dialogue

A: Mr. Cody, I'm afraid I deleted the file by accident. 코디씨, 제가 실수로 파일을 지운 것 같아요.

B: Didn't you make an extra copy before you deleted it? 지우기 전에 카피 만들어 두지 않았어요?

A: No, I didn't. Sorry. I should have double-checked. 아뇨. 죄송해요. 제가 다시 확인 했어야 했는데….

Say It More

이 상황에서는 이렇게 말할 수도 있어요.

- 다 제 책임이에요.
  ▶ I'm the one who's responsible for this.
- 앞으로는 이런 일이 재발하지 않도록 하겠습니다.
  ▶ This kind of mishap will not happen again.
- 이 문제를 해결할 수 있는 방법이 분명이 있을 겁니다.
  ▶ There must be a solution for this problem.
- 일은 벌어 졌으니 해결할 일만 남았군요.
  ▶ No use crying over spilt milk. Now let's take care of this mess.

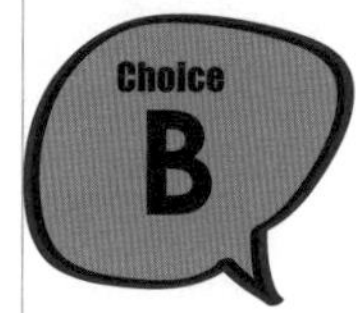

I'm not the one who deleted the file.

제가 파일을 지운 게 아니에요.

I'm the one who ~는 '~ 한 게 바로 저에요'라는 뜻이에요. 그 행동을 한 것이 바로 본인이라는 것을 강조해서 말할 때 쓰는 표현이죠. '~ 한 건 제가 아니에요' 라고 할 때는 **I'm not the one who ~**라고 합니다.

예 문

I'm the one who let the dog out. 개를 내보낸 건 바로 저에요.

I'm the one who made the card. 카드를 만든 건 바로 저라구요.

I'm not the one who stole the money. 돈을 훔친 건 내가 아니라구요.

Dialogue

A: I'm not the one who deleted the file. 파일을 지운 건 제가 아니에요.

B: If it wasn't you, who did? 당신이 아니면 누가 그랬어?

A: Maybe Jason did. 제이슨이 그랬을 수도 있죠.

Say It More 이 상황에서는 이렇게 말할 수도 있어요.

- 누가 그랬는지 제가 어떻게 알아요?
  ▶ How do I know who did it?
- 어머니의 무덤에 맹세해요. 제가 안 그랬어요.
  ▶ I swear on my mother's grave. I didn't do it.
- 제이슨에게 물어 보셨어요? 그 사람은 뭐라고 하던가요?
  ▶ Did you ask Jason? What did he say?
- 제이슨과 3자 대면하자구요. 당신, 나 그리고 그 사람 말이에요.
  ▶ Let's have a face-to-face meeting with Jason. Me, you and him.

Practice 1 주어진 표현을 이용해서 문장을 완성해 보세요.

~ 했어야 했는데 / should have p.p. ~

1	그 주식을 팔았어야 했는데. sold the stock	I should have ________________.
2	그 빈티지 자동차를 샀어야 했는데. bought the vintage car	I should have ________________.
3	그의 친구를 믿지 말았어야 했는데. trusted his friend	I shouldn't have ________________.
4	코 수술을 하지 말았어야 했는데. had a nose job	________________.

~ 한 건 바로 저에요 / I'm the one who ~

1	열쇠를 바꾼 건 바로 저에요. switched the keys	I'm the one who ________________.
2	당신의 자켓을 치운 건 바로 저에요. moved your jacket	I'm the one who ________________.
3	그 노래를 작곡한 사람은 바로 나야. wrote the song	I'm the one who ________________.
4	문을 활짝 열어 둔 건 제가 아니라구요. left the door wide open	________________.

Practice 2 주어진 표현을 이용해서 대화를 완성해 보세요.

A: One of you leaked the list of our top 200 clients to the public.

B: Don't look at me that way. 1. 그렇게 한 건 내가 아니라구요. (did it)

A: Then who did?

C: Sorry. It was me. I emailed the list to Mr. Bingham.

A: Mr. Bingham? The director of P&T Media?

C: It was totally my fault. 2. 수신자의 이름을 확인했어야 했는데. (checked the recipient's name)

지각에 대처하는 자세

당신은 오늘도 지각을 했습니다. 이번 주만 벌써 두 번째 지각이네요. 다행이 팀장님이 자리에 없어 당신이 지각한 것을 눈치 채지 못한 것 같아요. 아무일 없다는 듯 업무를 보고 있는데 갑자기 미국인 팀장님의 호출이 왔습니다. 옆에 있던 동료가 팀장님이 당신을 여러 번 찾았다고 하는군요. 팀장님에게 뭐라고 하시겠습니까?

Choice A	Choice B
다시는 지각하지 않겠습니다. Go to Page 126	전화 드리려고 했어요. Go to Page 127

I'm not going to be late again.

다시는 지각하지 않겠습니다.

'I'm going to ~'는 '~ 할 거에요'라는 뜻으로 본인이 계획이나 의지를 가지고 어떤 일을 하겠다고 할 때 쓰는 표현이에요. '~ 하지 않겠습니다'라고 하고 싶으면 **'I'm not going to ~'**라고 하면 되겠죠?

예문

I'm going to get a new laptop. 새 노트북을 살 거에요.

I'm going to tell your mom. 네 엄마에게 말할 거야.

I'm not going to let you go. 널 보내지 않겠어.

Dialogue

A: You're late again, Linda. What is it this time? 또 늦었네요, 린다. 이번에는 뭐죠?

B: So sorry. I'm not going to be late again. I promise. 정말 죄송해요. 다시는 지각하지 않겠습니다. 약속해요.

A: At least you could have texted me. 적어도 문자는 보낼 수 있었잖아요.

이 상황에서는 이렇게 말할 수도 있어요.

- 변명의 여지가 없네요. 제 잘못입니다.
  ▶ I have no excuse. Totally my fault.
- 몸이 좀 안 좋아요. 허락하시면 오늘 조퇴를 하고 싶어요.
  ▶ I don't feel well. If you allow me, I'd like to leave early today.
- 너무 많이 막혔어요. 버스에 한 시간은 갇혀 있었어요.
  ▶ The traffic was horrible. I was stuck in the bus for an hour.
- 자기 전에 알람을 5개 맞춰 놓고 자겠어요.
  ▶ I'll set 5 different alarms before going to bed.

I tried to call you.

전화 드리려고 했어요.

'I tried to ~ '는 '~ 하려고 했어요'라는 의미로 노력을 했지만 마음대로 잘 되지 않았다는 의미를 전달할 때 쓰는 표현이에요. 이 말 뒤에는 의도대로 일이 되지 않았다는 문장들이 자주 등장한답니다.

예 문

I tried to **apologize.** 사과 하려고 했어요.

I tried to **contact you.** 당신에게 연락하려고 했어요.

I tried to **explain the problem.** 문제를 설명해 드리려고 했어요.

Dialogue

A: You're late again, Linda. 또 늦었네요, 린다.

B: Sorry. I tried to call you. **My car broke down in Gwangwhamun.** 죄송해요. 전화 드리려고 했어요. 광화문에서 차가 고장 났어요.

A: Again? I thought you got it fixed three days ago. 또요? 3일 전에 수리한 줄 알았는데.

Say It More

이 상황에서는 이렇게 말할 수도 있어요.

- 어머니를 병원에 데려다 드리고 왔어요.
  ▶ I took my mom to the hospital.
- 저를 찾으셨다구요?
  ▶ You wanted to see me?
- 1시간 전에 왔어요. 클라이언트와 미팅을 하고 있었어요.
  ▶ I came to work an hour ago. I was in a meeting with a client.
- 이번 달에 처음 지각한 거에요!
  ▶ It was my first time to be late this month!

Practice 1 주어진 표현을 이용해서 문장을 완성해 보세요.

~ 할 거예요 / I'm going to ~

1	지하철을 탈 거예요. take a subway	I'm going to ______________.
2	너의 수염을 밀어버릴 거야. shave your beard	I'm going to ______________.
3	그녀에게 전화하지 않겠어. call her back	I'm not going to ______________.
4	그 이상한 주스를 마시지 않겠어. drink the weird juice	______________.

~ 하려고 했어요 / I tried to ~

1	눈물을 참으려고 했어요. hold back my tears	I tried to ______________.
2	당신에게 진실을 말하려고 했어요. tell you the truth	I tried to ______________.
3	당신을 이해하려고 했어. understand you	I tried to ______________.
4	차 시동을 걸려고 했지. start my car	______________.

Practice 2 주어진 표현을 이용해서 대화를 완성해 보세요.

A: Linda, where are you? Everyone's waiting in the conference room.

B: Why didn't you answer your phone? 1. 당신에게 여러 번 전화하려고 했다구요. (call you so many times)

A: I left my phone in the office. Where are you?

B: I'm on the bus. Terrible traffic jam here.

A: When can you be here?

B: I don't know. 2. 버스에서 내리려고 해요. (get off the bus now) Better to run.

송별회에서의 작별 인사

이직을 하기로 결정한 당신. 오늘이 당신의 마지막 출근입니다. 마지막이 될 팀 미팅에서 조촐한 송별회가 열렸습니다. 미국인 팀장님이 당신에게 마지막으로 할 말이 없는지 물어 봅니다. 이직을 하는 마지막 날까지 영어가 당신을 고통스럽게 하네요. 팀원들이 보고 있는 이 상황에서 당신은 뭐라고 하시겠습니까?

Choice A	Choice B
모든 일에 대해서 다 감사드려요. Go to Page 130	**이 곳을 떠나게 돼서 정말 기쁘네요.** Go to Page 131

Thank you for everything.

모든 일에 대해서 다 감사드려요.

'Thank you for ~'는 '~에 대해서 감사해요'라는 뜻이에요. for 뒤에 감사한 이유를 쓰면 되는데 동사를 쓰고 싶으면 꼭 ~ ing 형태로 바꿔 주세요.

예문

Thank you for **coming.** 와 주셔서 감사해요.

Thank you for **your kindness.** 친절하게 대해 주셔서 감사합니다.

Thank you for **watching.** 시청해 주셔서 감사합니다.

Dialogue

A: I wish you good luck with your new life in Canada. 캐나다에서의 새로운 인생에 행운이 있기를.

B: Thank you for everything. 모든 일에 대해서 다 감사드려요.

A: We'll miss you so much. Please keep in touch. 많이 보고 싶을 거에요. 꼭 연락하며 지내요.

이 상황에서는 이렇게 말할 수도 있어요.

- 다들 보고 싶을 거에요.
  ▶ I'm going to miss you all.
- 여기서 5년 동안 일했던 것을 잊을 수 없을 거에요.
  ▶ Working here the past five years is unforgettable.
- 여러분께 정말 많은 것을 배웠어요.
  ▶ I've learned so many things from you.
- 자주 놀러 올게요.
  ▶ I'll drop by often.

I'm so happy to leave this place.

이 곳을 떠나게 되어서 정말 기쁘네요.

I'm happy to ~는 '~ 해서 기뻐'라는 의미로 기쁨을 나타내고 싶을 때 쓰는 표현이에요. 자신이 기뻐하는 이유를 **to** 뒤에 쓰면 되는데 **to** 부정사의 형태로 써 주세요.

예 문

I'm happy to be here. 여기에 있어서 기쁩니다.

I'm happy to host the party. 파티를 주최할 수 있어서 기뻐요.

I'm so happy to hear that. 그 소식을 들어서 정말 기쁘네요.

Dialogue

A: Today's your last day. How do you feel? 오늘이 마지막 날이에요. 기분 어때요?

B: Couldn't be better. I'm so happy to leave this place. 정말 좋아요. 이 곳을 떠나게 되어서 정말 기쁘네요.

A: Hmm. Hope you are happy wherever you are. 흠. 어디에 있든 행복하길 바래요.

이 상황에서는 이렇게 말할 수도 있어요.

- 오늘은 저에게 광복절과 같은 날이군요.
  ▶ Today is my Independence Day.
- 이 곳을 그만 두는 순간을 손꼽아 기다렸죠.
  ▶ I've been dying to quit this job.
- 이런 끔찍한 곳에서의 5년은 제 인생에서 가장 불행한 시간이었어요.
  ▶ The five years in this wretched place were the worst time of my life.
- 더 이상 야근도 없고, 알람을 맞추지 않아도 되는 군요. 이곳과는 드디어 끝이네요!
  ▶ No more overtime, no more early morning alarms. I'm so done with this place!

Practice 1 주어진 표현을 이용해서 문장을 완성해 보세요.

~ 에 대해 감사드려요 / Thank you for ~

1	이해해 주셔서 감사해요. your understanding	Thank you for ______________________.
2	용서해 주셔서 감사해요. your forgiveness	Thank you for ______________________.
3	와 주셔서 감사합니다. dropping by	Thank you for ______________________.
4	함께 해 주셔서 감사합니다. joining us	______________________.

~ 해서 기뻐요 / I'm happy to ~

1	네 동생을 만나서 기뻐. meet your sister	I'm happy to ______________________.
2	당신 생일을 축하할 수 있어 기뻐. celebrate your birthday	I'm happy to ______________________.
3	당신의 비지니스 파트너가 되어서 기쁩니다. be your business partner	I'm happy to ______________________.
4	당신과 함께 일하게 되어 너무 기뻐요. work with you	______________________.

Practice 2 주어진 표현을 이용해서 대화를 완성해 보세요.

A: Are you leaving now?

B: Yeap. 1. 모든 일에 대해서 감사드려요. (everything) You're one of the best bosses I've ever had.

A: Thank you for putting up with me. 2. 당신의 친구가 되어서 정말 기뻐요. (be your friend)

B: I gotta go. My taxi is waiting.

A: Keep in touch. Let me know if you visit Seoul again.

B: I will.

4. 외국인 남자친구를 사귀다

외국인 훈남의 대시

당신은 친구들과 홍대 클럽에서 즐거운 시간을 보내고 있습니다. 춤을 추며 몇 번 눈빛 교환을 했던 외국인 훈남이 당신에게 다가오는 군요. 당신에게 관심을 보이며 몇 마디 인사를 나눕니다. 그러면서 당신에게 맥주를 사겠다고 하네요. 당신은 훈남이라 끌리기도 하지만 외국인이라 부담스럽기도 합니다. 그에게 뭐라고 하겠습니까?

Choice A	Choice B
전 칵테일이 좋아요. Go to Page 136	**미안해요. 지금 나가려고요.** Go to Page 137

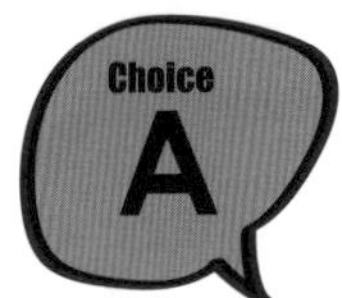

I'm a cocktail person.

전 칵테일이 좋아요.

I'm a + 명사 + person. 은 '난 ~를 좋아해요'라는 뜻으로 자신이 좋아하는 것을 말할 때 쓰는 표현이에요. **I like ~** 가 너무 흔하다고 생각하면 이 표현을 써 보는 것도 좋겠죠?

예문

I'm a **mountain** person. 저는 산이 좋아요.

I'm a **sea** person. 저는 바다가 좋아요.

I'm a **pasta** person. 저는 파스타를 좋아해요.

Dialogue

A: Can I buy you a beer? 맥주를 사도 될까요?

B: I don't like beer. I'm a cocktail person. 전 맥주를 안 좋아해요. 전 칵테일이 좋아요.

A: What kind? 어떤 걸로요?

Say It More

이 상황에서는 이렇게 말할 수도 있어요.

- 고마워요. 다음 건 제가 살게요.
  ▶ Thanks. I'll buy the next round.
- 춤 잘 추네요. 여기 자주 오나 봐요?
  ▶ You're such a great dancer. Do you come here often?
- 혼자 왔어요?
  ▶ Are you here alone?
- 한국어 할 줄 알아요? 무슨 일 하세요?
  ▶ Can you speak Korean? What do you do in Korea?

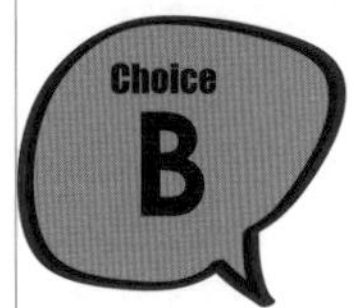

Sorry. We're about to leave.

미안해요. 지금 나가려고요.

be about to ~ 는 '지금 막 ~ 하려고 하다'라는 뜻이에요. 상대에게 막 무언가를 하려고 했다는 의도를 말하는 표현인데 to 뒤에는 동사의 기본형을 써야 합니다.

예문

We're about to call it a day. 지금 막 그만 하려고 해요.

We're about to start dinner. 지금 막 저녁을 먹으려고요.

I'm about to call her. 지금 막 그녀에게 전화를 하려고요.

Dialogue

A: Can I buy you a beer? 맥주를 사도 될까요?

B: Sorry. We're about to leave. 미안해요. 지금 나가려고요.

A: What's the hurry? Do you have a curfew or something? 뭐가 그리 급해요? 통금 시간이라도 있어요?

이 상황에서는 이렇게 말할 수도 있어요.

- 가야 돼요. 막차를 타야 되거든요.
  ▶ We gotta go. Have to catch the last bus.
- 오늘은 여자들을 위한 밤이에요. 그러니까 꺼져요!
  ▶ It's girls' night out. So piss off!
- 내게 왜 맥주를 사는 거죠? 그리고 난 남자친구가 있어요.
  ▶ Why do you wanna buy me a beer? FYI, I have a boyfriend.
- 자꾸 추근대면 소리를 지를 거에요.
  ▶ I'll scream if you don't stop hitting on me.

Practice 1 주어진 표현을 이용해서 문장을 완성해 보세요.

난 ~ 가 좋아요 / I'm a ~ person.

1	저는 와인이 좋아요. wine	I'm a ____________ person.
2	저는 아기가 좋아요. baby	I'm a ____________ person.
3	나는 모자를 좋아해. hat	I'm a ____________ person.
4	저는 바다가 좋아요. sea	____________.

막 ~ 하려고 해 / be about to ~

1	막 당신 없이 시작하려고요. begin without you	We're about to ____________.
2	지금 영화를 보려고 해요. watch the movie	We're about to ____________.
3	막 나가려는 참이야. head out	We're about to ____________.
4	막 자려는 참이었는데. go to bed	____________.

Practice 2 주어진 표현을 이용해서 대화를 완성해 보세요.

A: Are you having fun?

B: Well, it's kinda boring here. 1. 지금 막 집에 가려고요. (head home)

A: Why don't you stay for a while? A jazz band will be playing shortly.

B: Well, it's getting late. Besides, 2. 저는 재즈를 별로 안 좋아해요. (not / jazz)

A: What kind of music do you like?

B: Rock and roll. And I like electronic music.

외국인과의 소개팅

당신의 친구가 소개팅을 주선하겠다고 합니다. 헌데 한국 남자가 아니라 미국인이라고 하는 군요. 친구가 그 남자의 사진을 보여 주는데 그리 나쁘지 않아 소개팅을 하기로 했습니다. 소개팅 당일, 약속 장소에 도착한 당신. 사진과는 완전 다른 모습의 외국 남자가 당신을 기다리고 있습니다. 그에게 뭐라고 하겠습니까?

Choice A	Choice B
말씀 많이 들었어요. Go to Page 140	**집에 할 일이 있어서요.** Go to Page 141

I've heard so much about you.

말씀 많이 들었어요.

I've heard so much about ~은 '~ 에 대해서 많이 들었어요.'라는 뜻이에요. 특히 이 문장은 상대방을 처음 만났을 때 호감을 표현하기 위해서 자주 쓰는 말이니 입에 붙을 수 있도록 열심히 연습해 두세요.

예문

I've heard so much about your class. 당신 수업에 대해 말씀 많이 들었어요.

I've heard so much about his wife. 그분 사모님 말씀 많이 들었어요.

I've heard so much about the song. 그 노래에 대해 많은 이야기를 들었어요.

Dialogue

A: Nice to meet you. 만나서 반가워요.

B: Nice to meet you, too. 저도요.

A: I've heard so much about you. 말씀 많이 들었어요.

이 상황에서는 이렇게 말할 수도 있어요.

- 외국인과 소개팅을 하는 게 처음이라서요.
  ▶ It's my first time to go on a blind date with a foreigner.
- 오랜만에 데이트를 하려니까 긴장이 되네요.
  ▶ I haven't been on a date for a while and that makes me nervous.
- 한국에는 얼마나 계셨어요?
  ▶ How long have you been living in Korea?
- 한국인 사귀어 본 적 있나요?
  ▶ Have you been in a relationship with Koreans?

I've got things to do at home.

집에 할 일이 있어서요.

I've got things to ~는 '~ 할 게 있어요'라는 뜻이에요. **I have things to** ~ 역시 같은 의미입니다. 반대로 '~ 할 게 없어요' 라고 할 때는 **I've got nothing to** ~ 혹은 **I have nothing to** ~ 라고 하세요.

예문

I've got things to say. 할 말이 있어요.

I've got things to take care of. 처리할 일이 있어요.

I've got nothing to eat. 먹을 게 없어요

Dialogue

A: I'm so sorry. I have to leave now. 미안해요. 지금 가야 해서요.

B: Oh, what's the matter? 무슨 일 있어요?

A: I've got things to do at home. It's urgent. 집에 할 일이 있어서요. 급한 일이에요.

이 상황에서는 이렇게 말할 수도 있어요.

- 죄송하지만 가야 겠어요. 당신 때문에 그러는 거 아니에요.
  ▶ Sorry but I gotta go. It's not because of you.
- 사진하고 완전히 달라 보이시네요.
  ▶ You look totally different from your photo.
- 전화 좀 받을 게요. 잠깐이면 돼요.
  ▶ I need to take this call. I'll be back in a jiff.
- 시간 낭비 하고 싶지 않네요. 당신은 제 타입이 아니에요.
  ▶ I don't wanna waste my time. You're not my type.

Practice 1 주어진 표현을 이용해서 문장을 완성해 보세요.

~에 대해서 많이 들었어요 / I've heard so much about ~

1	너희에 대한 말을 많이 들었어. you guys	I've heard so much about ________.
2	그 브랜드에 대해서 많이 들었어요. the brand	I've heard so much about ________.
3	그 영화에 대해 많이 들었어요. the movie	I've heard so much about ________.
4	당신의 새 책에 대한 말을 많이 들었어요. your new book	________________.

~ 할 게 있어요 / I've got things to ~

1	목록에 더할 게 있어요. add to the list	I've got things to ________.
2	증명해야 할 게 있어요. prove	I've got things to ________.
3	난 잃을 게 없어. lose	I've got nothing to ________.
4	할 말이 없어요. say	________________.

Practice 2 주어진 표현을 이용해서 대화를 완성해 보세요.

A: Hi, are you Linda?

B: Yes, I am. Paul, right?

A: Nice to meet you. 1. 당신 말씀 정말 많이 들었어요. (you)

B: Likewise. Can you excuse me for a minute? I need to make a quick phone call.

A: Not a problem.

B: I'll be right back. 2. 회사에 처리할 일이 있어요. (take care of at work)

그 남자의 애프터 제안

미국인 남자와 소개팅을 한 다음 날. 그에게서 메시지가 왔습니다. 이번 주에 영화를 보러 가자는 애프터 제안이네요. 사람은 괜찮은 것 같은데 소개팅 내내 영어 때문에 긴장을 했던 것을 생각하면 만나고 싶지 않기도 합니다. 그에게 어떤 메시지를 보내겠습니까?

Choice A	Choice B
8시 어때요? Go to Page 144	이번 주말은 안 돼요. Go to Page 145

What do you say to 8 P.M.?

8시 어때요?

What do you say to ~? 는 상대방에게 제안을 하거나 의견을 물어볼 때 쓰는 말이에요. '~ 어때요?'라는 뜻으로 **How about ~?** 역시 같은 의미의 표현이에요.

예문

What do you say to **this desk?** 이 책상 어때요?

What do you say to **Fiji?** 피지 어때요?

What do you say to **this color?** 이 색깔은 어때요?

Dialogue

A: Do you want to go to a movie this weekend? 주말에 영화 보러 갈래요?

B: Sure. What do you say to 8 pm? 좋아요. 8시 어때요?

A: 8 is good for me. 8시 좋아요.

이 상황에서는 이렇게 말할 수도 있어요.

- 어디서 만날까요?
  ▶ Where shall we meet?
- 무슨 영화 볼까요? 전 공포 영화 빼고 다 좋아요.
  ▶ What movie are we watching? I like all kinds of movies except horror movies.
- 식사를 하고 영화를 보는 건 어때요?
  ▶ How about dinner and a movie?
- 연락을 기다리고 있었어요.
  ▶ I've been waiting for your call.

Not this weekend.

이번 주말은 안 돼요.

I can't go out with you this weekend 이라고 길게 말해도 되지만 **Not this weekend.** 처럼 간단하게 부정적인 말을 할 수 있어요. '~ 아니야', '~는 안 돼' 라고 할 때는 긴 말 필요없이 **Not ~ .** 이라고 하세요.

예문

Not me. 난 안 돼요.

Not them. 저 사람들 말고요.

Not here. 여기서는 안 돼요.

Dialogue

A: Do you want to go to a movie this weekend? 주말에 영화 보러 갈래요?

B: Not this weekend. I'm meeting my high school friends. 이번 주말은 안 돼요. 고등학교 친구들을 만나요.

A: How about this Friday? 이번 주 금요일은 어때요?

Say It More 이 상황에서는 이렇게 말할 수도 있어요.

- 전 영화를 별로 안 좋아해요.
  ▶ I'm not a movie buff.
- 이번 달 내내 바빠요. 다음 달도 그럴 거에요.
  ▶ I'm so busy this month. And next month too.
- 솔직히 우리는 안 맞을 것 같네요.
  ▶ Honestly, I don't think we're a good match.
- 다시는 연락 안 해 주셨으면 해요.
  ▶ I hope you don't call me anymore.

Practice 1 주어진 표현을 이용해서 문장을 완성해 보세요.

~ 어때요? / What do you say to ~ ?

1	차 한잔 어때요? a cup of tea	What do you say to ____________?
2	바비큐 치킨 어때요? BBQ chicken	What do you say to ____________?
3	피자 어때요? pizza	What do you say to ____________?
4	고양이를 입양하는 건 어때요? adopting a cat	____________?

~ 안 돼요 / Not ~

1	아이스 라떼 말구요 iced latte	Not ____________.
2	2월은 안 돼요 in February	Not ____________.
3	저쪽 말구요 that way	Not ____________.
4	작년이 아니구요 last year	____________.

Practice 2 주어진 표현을 이용해서 대화를 완성해 보세요.

A: Did you watch the last episode of Games of Players?

B: 1. 아직 안 봤어. (yet) Did you?

A: Me neither. Do you wanna watch it together?

B: Sure. When?

A: 2. 내일 저녁 7시 어때? (7 pm tomorrow) We can order in some pizza.

B: That's perfect. Is there anything you want me to bring?

썸남의 선물

오늘은 당신의 생일입니다. 썸인지 아닌지 애매한 관계의 미국인 친구와 분위기 좋은 카페에서 커피를 마시고 있어요. 갑자기 그가 당신에게 작은 선물 상자를 건네 주네요. 상자를 열어 보니 평소에 갖고 싶었던 목걸이가 들어 있군요. 마음에 들기도 하지만 너무 고가의 선물이라 부담스럽기도 하네요. 그에게 뭐라고 하시겠습니까?

Choice A	Choice B
정말 갖고 싶었던 거야. Go to Page 148	**이러지 않아도 됐는데.** Go to Page 149

This is what I really wanted.

정말 갖고 싶었던 거야.

This is what + 주어 + 동사. 는 '이건 ~ 한 거에요'라는 뜻이에요. 앞에 있는 물건이나 현재 상황에 대해 설명할 때 자주 쓰는 패턴이니까 꼭 알아 두세요.

예 문

This is what **I made.** 이거 내가 만든 거야.

This is what **I said.** 이건 내가 한 말이야.

This is what **I meant.** 이게 내가 의도했던 거에요.

Dialogue

A: Happy birthday. I hope you like it. 생일 축하해. 네가 좋아했으면 좋겠다.

B: Oh my god. This is what I really wanted. **Thank you.** 어머나. 정말 갖고 싶었던 거야. 고마워.

A: I'm glad you like it. 네가 좋아하니 기쁘네.

이 상황에서는 이렇게 말할 수도 있어요.

- 내가 진주를 제일 좋아하는 거 어떻게 알았어?
  ▶ How did you know pearls are my favorite?
- 정말 예쁘다. 지금 해 볼래.
  ▶ It's so beautiful. I'm gonna put it on now.
- 목걸이는 원래 남자가 해 주는 거야.
  ▶ A man should help a woman put on a necklace.
- 정말 특별한 생일이 됐네. 고마워.
  ▶ It's a very special birthday. Thank you.

You didn't need to do this.

이러지 않아도 됐는데.

You don't need to ~는 '~하지 않아도 돼'라는 뜻으로 상대에게 어떤 일을 할 필요가 없다고 할 때 쓰는 표현이에요. **You didn't need to do this.**는 상대방의 호의에 겸손하게 감사를 표현할 때 자주 쓰는 말이에요.

예 문

You didn't need to **come.** 안 와도 됐는데.

You don't need to **be sorry.** 미안해 하지 않아도 돼.

You don't need to **worry.** 걱정하지 않아도 돼.

Dialogue

A: Happy birthday. I hope you like it. 생일 축하해. 네가 좋아했으면 좋겠다.

B: You didn't need to do this. **Oh, it's a bag.** 이렇지 않아도 되는데. 오, 가방이네.

A: I made it for you. 널 위해 내가 만들었어.

Say It More

이 상황에서는 이렇게 말할 수도 있어요.

- 너무 부담스러워.
  ▶ It's too much for me.
- 고맙지만 못 받겠어. 너무 비싼 거잖아.
  ▶ Thank you so much but I can't accept this. It's too pricy.
- 난 네 생일에 아무 것도 못 해 줬잖아.
  ▶ I didn't do anything for your birthday.
- 난 돈이 더 좋은데. 농담이야!
  ▶ I prefer cash. I'm kidding!

Practice 1 주어진 표현을 이용해서 문장을 완성해 보세요.

이건 ~ 한 거에요 / This is what 주어 + 동사

1	이건 내가 필요한 거에요. I need	This is what ____________.
2	이게 내가 생각했던 거에요. I thought	This is what ____________.
3	이게 내가 예상했던 거에요. I expected	This is what ____________.
4	이건 내가 주문했던 거에요. I ordered	____________.

~ 하지 않아도 돼 / You don't need to ~

1	설명하지 않아도 돼. explain yourself	You don't need to ____________.
2	성적표를 보내지 않으셔도 됩니다. mail your report card	You don't need to ____________.
3	날 기다리지 않아도 돼. wait for me	You don't need to ____________.
4	넌 안 내도 돼. pay for it	____________.

Practice 2 주어진 표현을 이용해서 대화를 완성해 보세요.

A: Happy birthday, Linda.

B: What's this?

A: Open it. I hope you like it.

B: Oh, it's a necklace. 1. 내가 정말 사고 싶었던 거야. (really wanted to buy).

A: Try it. Let me see.

B: It's so pretty. 2. 아무 것도 안 줘도 됐는데. (get me anything) Thank you.

그 남자의 사랑 고백

당신이 썸남 미국인 친구를 만난 지 한달 정도가 지났습니다. 오늘은 그 친구가 근사한 레스토랑에서 식사를 하자고 하네요. 완벽한 영어는 아니지만 구글 번역기 등을 총동원해서 즐거운 대화를 이어가던 중 약간의 어색한 침묵이 흐릅니다. 그러다 그 친구가 당신의 눈을 바라보며 사랑 고백을 하는 군요. 이제 그는 당신의 대답을 기다립니다. 뭐라고 하겠습니까?

Choice A	Choice B
네가 정말 좋아. Go to Page 152	**무슨 말을 해야 할지 모르겠어.** Go to Page 153

I'm so crazy about you.

네가 정말 좋아.

I'm so crazy about ~는 '~를 정말 좋아해'라는 뜻이에요. 무언가에 미친 **(crazy)** 거라면 정말 좋아한다는 말이 되겠죠? 만일 **about** 뒤에 동사를 쓴다면 **동사 + ~ ing** 형태를 써야 합니다.

예 문

I'm so crazy about **your dog.** 너의 개가 정말 좋아.

I'm so crazy about **this girl.** 이 아이가 너무 좋아.

I'm so crazy about **your smile.** 너의 미소가 너무 좋아

Dialogue

A: I love you, Linda. 사랑해, 린다.

B: I love you, too. I'm so crazy about you. 나도 사랑해. 나도 네가 정말 좋아.

A: I've been in love with you since we met. 우리가 만난 이후로 난 너와 사랑에 빠졌지.

Say It More

이 상황에서는 이렇게 말할 수도 있어요.

- 그 무엇보다도 널 사랑해.
  ▶ I love you more than anything.
- 네가 고백해 주길 정말 기다렸어.
  ▶ I've been waiting for you to confess your love.
- 나도 너에 대한 감정이 생기고 있었어.
  ▶ I've developed feelings for you too.
- 요즘 네 생각을 아주 많이 생각하고 있어.
  ▶ I've been thinking of you so much lately.

I don't know what to say.

무슨 말을 해야 할지 모르겠어.

'I don't know what to~'는 '무엇을 ~ 할 지 모르겠어'라는 뜻이에요. 의문사 뒤에는 꼭 '주어 + 동사'의 문장을 쓰는 게 정석이지만 **'to 부정사'**를 써서 간단한 표현을 만들어 낼 수 있어요. **what to**(무엇을 ~ 할 지), **where to**(어디로 ~ 할 지), **how to**(어떻게 ~ 할 지), **whom to**(누구에게 ~ 할 지)처럼 말이죠. .

예문

I don't know what to do. 뭘 할 지 모르겠어.

I don't know what to buy online. 인터넷으로 뭘 살지 모르겠어.

I don't know where to go. 어디로 갈 지 모르겠어.

Dialogue

A: I've been in love with you since we met. 우리가 만난 이후로 난 너와 사랑에 빠졌지.

B: I don't know what to say. I… 무슨 말을 해야 할지 모르겠어. 난…

A: I love you, Linda. I mean it. 사랑해 린다. 진심이야.

Say It More

이 상황에서는 이렇게 말할 수도 있어요.

- 네가 좋긴 하지만 사랑하는 감정으로는 아니야.
  ▶ I like you but not in a romantic way.
- 난 아직 누군가를 사귀고 싶지 않아.
  ▶ I don't want to be in a relationship yet.
- 넌 그냥 내가 외로워서 만난 남자라고.
  ▶ You're just my rebound guy.
- 사실 나 좋아하는 사람이 있어.
  ▶ Actually, I have a crush on someone else.

Practice 1 주어진 표현을 이용해서 문장을 완성해 보세요.

~를 정말 좋아해 / I'm so crazy about ~

1	난 이 노래가 정말 좋아. this song	I'm so crazy about ____________.
2	난 그 음식이 정말 좋아. the food	I'm so crazy about ____________.
3	난 테니스 치는 게 좋아. playing tennis	I'm so crazy about ____________.
4	난 여자 친구가 정말 좋아. my girlfriend	____________.

~할 지 모르겠어 / I don't know 의문사 to ~

1	벼룩 시장에서 뭘 팔아야 할 지 모르겠어. sell at the flea market	I don't know what to ____________.
2	무엇에 대해 말을 해야 할 지 모르겠어. talk about	I don't know what to ____________.
3	그것을 어떻게 하는지 모르겠어. do it	I don't know how to ____________.
4	의자를 어떻게 조립하는지 모르겠어요. put the chair together	I don't know how to ____________.

Practice 2 주어진 표현을 이용해서 대화를 완성해 보세요.

A: It's been nearly a month since we first met.

B: Has it? Time flies.

A: Maybe it's too early to say this, but I think I'm in love with you.

B: I've been thinking. Hmm, 1. 내 감정을 어떻게 표현할지 모르겠어. (how to express my feelings)

A: Linda, 2. 난 널 정말 좋아해. (you) I can't stop thinking about you.

B: Well, I like you a lot. But honestly, not in a romantic way.

연락 두절 남자 친구

사귄 지 얼마 되지 않은 외국인 남자 친구가 연락 두절입니다. 당신이 여러 번 메시지를 보내고 심지어 전화도 해 보지만 감감 무소식입니다. 무슨 사고라도 당한 게 아닌지 걱정이 되어 일도 손에 잡히지 않네요. 몇 시간 뒤, 남자 친구가 아무 일도 없었다는 듯 당신에게 메시지를 보냅니다. 그에게 뭐라고 하겠습니까?

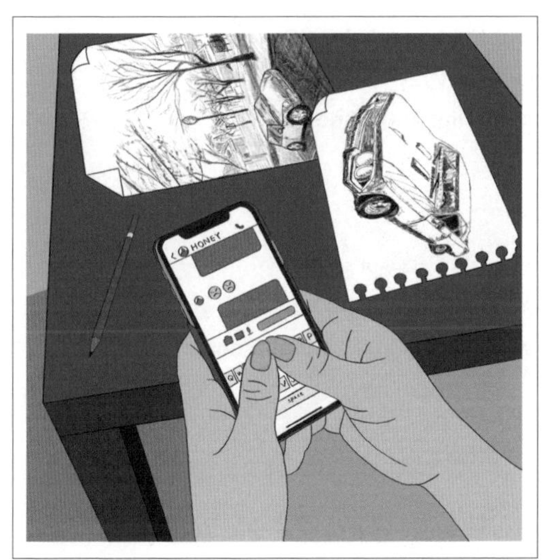

Choice A	Choice B
정말 걱정 했다구. Go to Page 156	왜 문자 답장을 안 했던 거야!?! Go to Page 157

I was worried about you.

걱정 했다구.

be worried about ~은 '~가 걱정돼'라는 뜻으로 걱정이나 근심을 말할 때 쓰는 표현이에요. 미묘한 차이가 있지만 **worry about**이라고 해도 같은 의미가 됩니다. **about** 뒤에 동사를 쓸 때는 ~ **ing** 형태로 고쳐 주세요.

예문

I was worried about **the heavy rain.** 폭우가 걱정됐어요.

I was worried about **Becky.** 베키가 걱정됐어요.

I'm worried about **driving in the snow.** 눈 오는데 운전하는 게 걱정돼.

Dialogue

A: Hi, hon. I'm home. 자기야. 나 왔어.

B: Where have you been? I was worried about you. 어디 있었던 거야? 걱정 했다구.

A: I told you I'm going to my high school reunion. 고등학교 동창회 간다고 했잖아.

Say It More

이 상황에서는 이렇게 말할 수도 있어요.

- 사고라도 난 줄 알았잖아. 정말 걱정했다구.
  ▶ I thought you were in an accident. I was worried sick.
- 다음에는 제발 어디에 가는지 알려 줘.
  ▶ Next time let me know where you're going, please.
- 집에 잘 도착했다니 다행이네.
  ▶ It's good to hear you're home safe.
- 다음에 내가 문자 하면 답장 좀 해 줘.
  ▶ Next time when I text you, please text me back.

How come you never answered my texts!?!

왜 문자 답장을 안 했던 거야!?!

'How come you ~ ?'는 '어째서 ~ 인 거니?'라는 뜻으로 상대에게 무언가에 대한 설명을 요구할 때 쓰는 말이에요. **'How come?'** 이라고 간단하게 물어보는 경우도 많은데 '어째서?', '왜?'라는 뜻이에요.

예 문

How come you **never told me before?** 어째서 나한테 말을 안 했던 거야?

How come you **never visited me in Busan?** 어째서 부산에 날 보러 안 왔던 거야?

How come you **forget things so easily?** 어떻게 그렇게 잘 잊어 버리는 거니?

Dialogue

A: Hi, hon. I'm home. 자기야. 나 왔어.

B: How come you never answered my texts!?! 왜 문자 답장을 안 하는 거야!?!

A: My cell phone battery was dead. 핸드폰 배터리가 나갔다구.

Say It More 이 상황에서는 이렇게 말할 수도 있어요.

- 연락을 안 할 거면 전화는 왜 가지고 다니니?
  ▶ Why do you carry your phone if you don't want to answer it?
- 일부러 날 피하려고 했던 거야?
  ▶ Were you trying to avoid me?
- 입장을 바꿔 놓고 생각해 봐. 내가 답장을 안 하면 넌 걱정 안 하겠어?
  ▶ Put yourself in my shoes. Wouldn't you worry if I never answered your texts?
- 핸드폰을 놓고 나갔다고!? 그게 말이 된다고 생각해?
  ▶ You left your phone in your room!? Do you think that makes sense?

Practice 1 주어진 표현을 이용해서 문장을 완성해 보세요.

~ 가 걱정돼 / be worried about ~

1	너희 가게가 걱정 됐어. your store	I was worried about ________.
2	우리 삼촌이 걱정 됐어. my uncle	I was worried about ________.
3	내 성적이 걱정 돼. my grades	I was worried about ________.
4	면접이 걱정 돼. the interview	________.

어째서 ~ 인 거니? / How come ~ ?

1	어째서 반지를 빼지 않는 거야? you never take off the ring	How come ________?
2	어째서 날 네 친구들에게 소개하지 않니? you never introduce me to your friends	How come ________?
3	어째서 항상 같은 자켓만 입는 거니? you always wear the same jacket	How come ________?
4	어떻게 해서 네가 그녀의 번호를 아는 거야? you know her number	________?

Practice 2 주어진 표현을 이용해서 대화를 완성해 보세요.

A: Hi, babe.

B: Where are you? 1. 어째서 나한테 전화를 안 하는 거야? (you never called me)

A: I'm at a bar. I told you it's guys' night out.

B: 2. 당신이 걱정이 됐어. (you) The storm is getting worse and you didn't answer the phone…

A: Don't worry, babe. I'm fine.

B: When will you be home?

A: Soon. I'll call you when I leave.

바람 피는 남자 친구

당신의 남자 친구는 여자 사람 친구들이 많습니다. 그 친구들을 너무 자주 만나서 어떨 때는 당신보다 그 친구들을 더 좋아한다는 생각이 들기도 합니다. 오늘은 함께 뮤지컬을 보러 가기로 했는데 그가 회사에 일이 있어 갈 수 없다는 연락을 받았어요. 당신이 홍대 거리를 혼자서 걷고 있는데 저 멀리서 당신의 남자친구가 어떤 여자와 다정하게 지나가는 것을 목격합니다. 그에게 당장 전화해서 뭐라고 말하겠습니까?

Choice A	Choice B
그 여자가 누군지 말해 봐. Go to Page 160	너하고는 이제 끝이야. Go to Page 161

Tell me who she is.

그 여자가 누군지 말해 봐.

Tell me ~는 '~를 말해 봐'라는 뜻으로 상대에게 무언가를 말해 달라고 할 때 쓰는 말이에요. 좀 더 공손하게 말하고 싶다면 **Let me know** ~라는 표현을 쓸 수 있어요.

예문

Tell me when you want to meet. 언제 만나고 싶은 지 말해 봐.

Tell me what you want to do. 뭘 하고 싶은지 말해 봐.

Tell me who did this to you. 누가 네게 이런 짓을 했는지 말해 봐.

Dialogue

A: Where are you? 어디야?

B: At work. Can I call you later? I'm busy. 회사야. 내가 나중에 전화하면 안 될까? 바빠.

A: Tell me who she is. The woman holding your hand right now. 그 여자가 누군지 말해 봐. 지금 내 손을 잡고 있는 그 여자 말이야.

이 상황에서는 이렇게 말할 수도 있어요.

- 지금 어디에 있어? 아직도 회사에 있는 거야?
  ▶ Where are you now? Still at work?
- 회사에서 야근한다고 하지 않았어?
  ▶ Didn't you tell me you were going to work overtime?
- 지금 만나. 무슨 일이 있는지 설명해 줘.
  ▶ I need to see you now. I want you to explain what's going on.
- 무슨 일이 있어도 난 당신을 믿어.
  ▶ No matter what, I trust you.

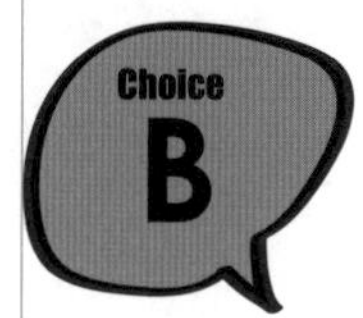

I'm done with you.

너하고는 이제 끝이야.

I'm done with ~는 '~를 끝냈어', '~를 마쳤어'라는 뜻이에요. I'm done with you. 라고 하면 '너를 끝냈다'라는 의미니까 상대방에게 결별을 선언할 때 하는 말이 되는 거죠.

예 문

I'm done with **Kyle.** 카일과는 끝이야.

I'm done with **her.** 그녀와는 끝이야.

I'm done with the **magazine.** 그 잡지 다 읽었어요.

Dialogue

A: Where are you? Who is she? 어디야? 그 여자는 누구야?

B: What are you talking about? I'm in the office. 무슨 말이야? 난 사무실이라구.

A: You're such a liar. I'm done with you. 넌 거짓말쟁이야. 너하고는 이제 끝이야.

Say It More 이 상황에서는 이렇게 말할 수도 있어요.

- Don't even call my name!
  ▶ 내 이름 부르지도 마!
- You're disgusting! How could you?
  ▶ 너 정말 역겨워! 어떻게 그럴 수가?
- I knew you would cheat on me!
  ▶ 네가 바람 줄 알았다구!
- Get out of my sight now!
  ▶ 당장 사라져!

Practice 1 주어진 표현을 이용해서 문장을 완성해 보세요.

~ 를 말해 봐 / Tell me ~

1	우리가 어디 가는 지 말해 봐. where we're going	Tell me ______________________.
2	어젯밤에 누굴 만났는지 말해 봐. who you met last night	Tell me ______________________.
3	내가 어떻게 해야할 지 말해 봐. what I should do	Tell me ______________________.
4	네가 뭘 보고 있는 지 말해 봐. what you're seeing	______________________.

~ 는 끝났어 / I'm done with ~

1	그 남자랑은 끝났어. the guy	I'm done with ______________________.
2	그 바텐더와는 끝이야. the bartender	I'm done with ______________________.
3	난 담배를 끊었어. smoking	I'm done with ______________________.
4	시험 끝났어. the exam	______________________.

Practice 2 주어진 표현을 이용해서 대화를 완성해 보세요.

(on the phone)

A: 1. 어디에 가는 지 말해 봐. (where you're going)

B: What? I told you I'm working overtime tonight.

A: Who's the woman next to you? I'm so sick of your lies.

B: What do you mean?

A: I can see you right there with her. 2. 당신과는 끝이야! (you)

B: Let me explain! Don't hang up.

장거리 연애에 대처하는 자세

당신의 미국인 남자 친구가 3개월 동안 보스턴으로 해외 출장을 가게 되었습니다. 매일 그의 얼굴을 보지 않으면 눈에 가시가 돋을 정도인데 3개월을 만날 수 없다니 벌써부터 마음이 아프네요. 갑자기 장거리 연애를 해야 하는 당신. 공항에서 그를 떠나 보내며 무슨 말을 하겠습니까?

Choice A	Choice B
빨리 함께 있고 싶어. Go to Page 164	**바람 피기나 해 봐.** Go to Page 165

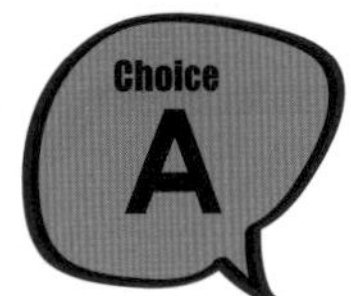

I can't wait to be together.

빨리 함께 있고 싶어.

I can't wait to ~를 단어 그대로 해석하면 '~를 기다릴 수 없어' 가 되잖아요? '정말 ~ 하고 싶어'라는 뜻으로 본인의 간절한 희망을 말할 때 쓰는 표현이에요.

예문

I can't wait to **meet you again.** 당신을 다시 만나고 싶어.

I can't wait to **go back to work.** 빨리 업무 복귀 하고 싶어요.

I can't wait to **move to the new apartment.** 빨리 새 아파트로 이사하고 싶어.

Dialogue

A: I can't wait to be together. 빨리 함께 있고 싶어.

B: I miss you already. 나도 벌써 보고 싶어.

A: I'll call you every day. 매일 전화 할게.

이 상황에서는 이렇게 말할 수도 있어요.

- 내가 보고 싶을 때마다 전화 해. 낮이든 밤이든 상관없어.
  ▶ Call me whenever you miss me. Day or night.
- 거리가 멀어서 우리의 사랑이 갈라지는 건 아니잖아.
  ▶ Distance can't keep us apart.
- 우리는 함께 할 운명이잖아.
  ▶ We're meant to be together.
- 당신이 아무리 멀리 있어도 난 당신의 사랑을 느낄 수 있어.
  ▶ No matter how far away you are, I can feel your love.

Don't you dare cheat on me.

바람 피기나 해 봐.

dare는 '감히 ~ 하다'라는 뜻이에요. Don't you dare~는 '~ 하기만 해 봐'라는 의미로 상대방에게 어떤 일을 하지 말라고 강하게 명령하는 말이에요. 화를 내면서 으름장을 놓을 때 이 표현을 사용해 보세요.

예 문

Don't you dare **talk like that.** 그렇게 함부로 말하지 마.

Don't you dare **touch my phone.** 내 핸드폰에 손 대기만 해 봐.

Don't you dare **call me grandpa.** 나한테 할아버지라고 부르기만 해 봐.

Dialogue

A: Don't you dare cheat on me. 바람 피기나 해 봐.

B: You don't need to worry about that. You're my one true love. 그 걱정은 안 해도 돼. 난 정말 널 사랑하니까.

A: I love you so much. 나도 널 사랑해.

이 상황에서는 이렇게 말할 수도 있어요.

- 내가 없는 3개월의 자유를 즐기라구.
  ▶ Enjoy your three months of freedom without me.
- 들어올 때 선물 사오는 거 잊지 마.
  ▶ Don't forget to buy me a nice present.
- 내 전화나 문자 씹기만 해 봐.
  ▶ Don't you dare ignore my texts or calls.
- 미국에서 영원히 안 돌아오는 건 아니지?
  ▶ You're not gonna stay in the US for good, are you?

Practice 1 주어진 표현을 이용해서 문장을 완성해 보세요.

정말 ~ 하고 싶어 / I can't wait to ~

1	당신의 새 소설을 정말 읽고 싶어요. read your new novel	I can't wait to ______________________.
2	정말 휴가를 가고 싶어. go on vacation	I can't wait to ______________________.
3	당신 품에 안기고 싶어. be in your arms	I can't wait to ______________________.
4	정말 내 집을 갖고 싶어. have my own house	______________________.

~ 하기만 해 봐 / Don't you dare ~

1	내 일기장 읽기만 해 봐. read my journal	Don't you dare ______________________.
2	나한테 장난 치기만 해 봐. mess with me	Don't you dare ______________________.
3	내 여동생을 만나기만 했다 봐. meet my sister	Don't you dare ______________________.
4	날 비웃기만 해 봐. laugh at me	______________________.

Practice 2 주어진 표현을 이용해서 대화를 완성해 보세요.

A: I'm going to miss you so much.

B: Me too. 1. 널 꼭 다시 안고 싶어. (hold you again)

A: 3 months will go so quickly.

B: I hope so.

A: 2. 나랑 헤어지기만 했다 봐. (break up with me)

B: My love for you will never, ever change.

권태기가 찾아오다

당신이 미국인 남자 친구와 사귄 지도 올해로 2년이 다 되어 가네요. 처음 연애 시절의 설레임이 사라진 지 오래 되었고 지금은 그냥 정으로 만난다는 느낌만 들 뿐이에요. 남들이 말하는 '권태기'가 당신에게도 찾아 온 것 같습니다. 오늘도 사소한 일로 남자 친구와 다투게 되었습니다. 그와 헤어지며 뭐라고 하시겠습니까?

Choice A	Choice B
우리 좀 떨어져 있는 건 어떨까? Go to Page 168	솔직히 네가 지겨울려고 해. Go to Page 169

Why don't we take a break?

우리 좀 떨어져 있는 건 어떨까?

Why don't we ~ ?는 '우리 ~ 하는 게 어떨까? 라는 의미로 상대에게 무언가를 제안할 때 쓰는 표현이에요.

예 문

Why don't we go on a picnic this weekend? 우리 이번 주말에 소풍 가는 건 어때?

Why don't we play chess? 체스를 둘까?

Why don't we invite Chris and James? 크리스와 제임스를 초대하는 건 어때?

Dialogue

A: I really don't want to argue like this whenever we meet. 만날 때 마다 이렇게 말 싸움 하는 게 너무 싫어.

B: Likewise. 나도.

A: Why don't we take a break? 우리 좀 떨어져 있는 건 어떨까?

이 상황에서는 이렇게 말할 수도 있어요.

- 자기를 사랑하지 않아서 그런 건 아니야.
  ▶ That doesn't mean I don't love you.
- 그냥 신혼이 끝난 거하고 같은 거야.
  ▶ It's like the honeymoon is over.
- 네가 날 너무 당연하게 생각하는 것 같아.
  ▶ You seem to take me for granted.
- 그냥 나만의 시간을 가지고 싶어.
  ▶ I just want to have MY own time.

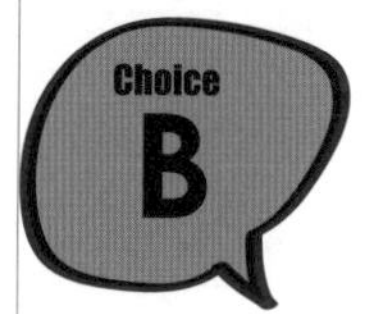

Honestly, I'm getting tired of you.

솔직히 네가 지겨울려고 해.

I'm getting tired of ~는 '~ 가 지겨워지고 있어'라는 의미로 어떤 것에 대해 서서히 관심이 식어간다고 할 때 쓰는 표현이에요. I'm tired of(~ 가 지겨워) 와는 살짝 의미에 있어서 차이가 있어요. I'm getting tired of ~는 점점 지겨워 지고 있는 상태를 의미하지만 I'm tired of ~는 이미 지겹고 싫증이 난 상태가 되었다는 의미에요.

예 문

I'm getting tired of **my job.** 내 일이 지겨워지고 있어.

I'm getting tired of **your friends.** 네 친구들이 지겨워지고 있어.

I'm getting tired of **eating the same food.** 같은 음식을 먹는 게 지겨워지고 있어.

Dialogue

A: I told you I didn't meet Dean. 내가 딘을 안 만났다고 말했잖아.

B: How can I trust you? You've been lying all the time. 내가 널 어떻게 믿지? 넌 항상 거짓말을 하잖아.

A: Here we go again. Honestly, I'm getting tired of you. 또 시작이네. 솔직히 네가 지겨울려고 해.

Say It More

이 상황에서는 이렇게 말할 수도 있어요.

- 너에 대해서 로맨틱한 감정이 없어.
  ▶ I don't have any romantic feelings for you.
- 나도 다른 사람을 만나고 싶어.
  ▶ I wanna meet other guys.
- 난 그 누구도 1년 이상을 사귀어 본 적이 없어.
  ▶ I've never been in a relationship for more than a year.
- 널 그냥 보내 줘야 할 것 같아서.
  ▶ I think I have to let you go now.

Practice 1 주어진 표현을 이용해서 문장을 완성해 보세요.

우리 ~ 하는 게 어때? / Why don't we ~ ?

1	다음 장으로 넘어가는 게 어때요? move to the next chapter	Why don't we ____________________?
2	우리 고추와 가지를 심는 게 어때요? plant peppers and eggplants	Why don't we ____________________?
3	핫 초코를 함께 먹는 건 어때? share a hot chocolate	Why don't we ____________________?
4	조깅하러 가는 건 어때? go for a jog	____________________?

~ 가 지겨워지고 있어 / I'm getting tired of

1	모든 게 다 지겨워지고 있어. everything	I'm getting tired of ____________________.
2	학교 식당이 지겨워지고 있어요. the school cafeteria	I'm getting tired of ____________________.
3	우리의 장거리 연애가 지겨워 지려고 해. our long-distance relationship	I'm getting tired of ____________________.
4	똑같은 것을 읽는 게 지겨워지고 있어. reading the same thing	____________________.

Practice 2 주어진 표현을 이용해서 대화를 완성해 보세요.

A: 1. 존과 페리에게 전화하는 건 어때? (call John and Perry)

B: Can we invite other people?

A: What's wrong with John and Perry?

B: 2. 똑같은 사람들을 만나는게 지겨워지고 있어. (meeting the same people)

A: But they are my best friends.

B: They are YOUR friends, not mine. I just want to expand my network.

그 남자의 청혼

오늘은 당신과 미국인 남자 친구가 사귄 지 3년째 되는 날입니다. 남자 친구가 예약한 레스토랑에서 식사를 한 후 평소처럼 가볍게 와인을 즐기고 있는데 그가 갑자기 무릎을 꿇고 반지를 건네며 당신에게 "Will you marry me?" 청혼을 합니다. 전혀 예상하지 못했던 그의 청혼에 당신은 뭐라고 하겠습니까?

Choice A	Choice B
이 순간을 기다리고 있었어. Go to Page 172	**결혼 이야기를 할 준비가 안 됐어.** Go to Page 173

I've been waiting for this moment.

이 순간을 기다리고 있었어.

'I've been ~ ing'는 과거 어느 한 시점부터 지금 이 순간까지 어떤 일을 하고 있었거나 어떤 상태에 있었다고 말할 때 쓰는 회화 표현이에요. '~ 하고 있었어'라는 해석이 가장 적절하네요.

예 문

I've been thinking of you. 너를 생각하고 있었어.

I've been working on this painting. 이 그림을 그리고 있었어요.

I've been keeping myself busy. 바쁘게 지내고 있었어요.

Dialogue

A: Linda Park, will you marry me? 린다 박, 결혼해 줄래?

B: Yes, I will. I've been waiting for this moment. 그래. 이 순간을 기다리고 있었어.

A: I'll make you the happiest bride in the world. 세상에서 가장 행복한 신부로 만들어 줄게.

이 상황에서는 이렇게 말할 수도 있어요.

- 네가 청혼하지 않으면 내가 하려고 했어.
  ▶ I would have proposed if you hadn't.
- 너와 평생을 함께 하고 싶어.
  ▶ I want to share the rest of my life with you.
- 네가 없으면 내 인생은 완성되지 않을 거야.
  ▶ My life will never be complete without you.
- 너와 함께 늙어가고 싶어.
  ▶ I want to grow old together with you.

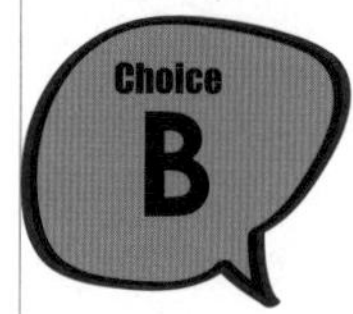

I'm not ready to talk about marriage.

결혼 이야기를 할 준비가 안 됐어.

I'm ready to ~는 '~할 준비가 됐어'라는 뜻이에요. **to** 뒤에는 동사의 기본형을 써 주어야 합니다. 반대로 **I'm not ready to ~**는 '~ 할 준비가 안 됐어'라는 뜻이 되겠죠?

예 문

I'm not ready to leave my parents. 부모님을 떠날 준비가 안 됐어.

I'm ready to go home. 집에 갈 준비 됐어.

I'm ready to open my own business. 내 사업을 시작할 준비가 됐어.

Dialogue

A: Linda Park, will you marry me? 린다 박, 결혼해 줄래?

B: I'm not ready to talk about marriage. 결혼 이야기를 할 준비가 안 됐어.

A: What do you mean you're not ready? 준비가 안 됐다니 무슨 말이야?

Say It More

이 상황에서는 이렇게 말할 수도 있어요.

- 생각할 시간이 필요해.
  ▶ I need time to think.
- 결혼하기에는 난 너무 어려.
  ▶ I'm too young to get married.
- 넌 남편감이 아니야.
  ▶ You're not "husband" material.
- 결혼은 내 사전에 없는 말이야.
  ▶ "Marriage" is not in my vocabulary.

Practice 1 주어진 표현을 이용해서 문장을 완성해 보세요.

~ 하고 있었어 / I've been ~ ing

1	당신 에세이를 읽고 있었어요. reading your essay	I've been ______________________.
2	하루 종일 공부하고 있었어. studying all day	I've been ______________________.
3	이 핸드폰을 5년 동안 쓰고 있어요. using this phone for 5 years	I've been ______________________.
4	2001년부터 이 남자와 사귀고 있어요. seeing him since 2001	______________________.

~ 할 준비가 됐어 / I'm ready to ~

1	물에 뛰어들 준비가 안 됐어. jump into the water	I'm not ready to ______________________.
2	이 집을 팔 준비가 안 됐어요. sell this house	I'm not ready to ______________________.
3	새로운 일자리를 가질 준비가 됐어. get a new job	I'm ready to ______________________.
4	말할 준비가 됐어요. talk	______________________.

Practice 2 주어진 표현을 이용해서 대화를 완성해 보세요.

A: Linda, 1. 우리가 처음 만날 때부터 당신을 사랑하게 되었어. (loving you since we first met)

B: Jason. I'm…

A: My love for you hasn't changed a bit.

B: I know but…

A: Linda Park, I love you so much. Will you marry me?

B: I don't know what to say… 2. 아직 결혼을 할 준비가 안 됐어. (get married yet).

번외편. 첫 해외 여행을 가다

무례한 앞 좌석 승객에게

뉴욕으로 가는 비행기 안. 당신은 생애 첫 기내식으로 닭고기를 선택한 후 와인을 마시며 첫 해외 여행의 기쁨을 만끽하려 합니다. 바로 그 때, 앞에 있던 덩치 큰 외국인이 갑자기 좌석을 뒤로 훅 제쳐 버리네요. 밥도 제대로 먹을 수 없고 무엇보다 허락도 없이 내 공간을 침해 당한 것 같아 기분이 나빠집니다. 앞에 있는 무례한 사람에게 뭐라고 말하겠습니까?

Choice A	Choice B
좌석을 똑바로 해 주시겠어요? Go to Page 178	**뒤에 식사 하는 거 안 보여요?** Go to Page 179

Do you mind putting your seat back up?

좌석을 똑바로 해 주시겠어요?

Do you mind ~ ing?는 '~ 해 주시겠어요?'라는 뜻으로 상대방에게 정중하게 요청할 때 쓰는 표현이에요. **mind** 뒤에 동사를 쓸 때는 꼭 **~ ing** 형태를 써 주세요.

예문

Do you mind **taking Diana to school?** 다이애나를 학교에 데려다 줄래?

Do you mind **cleaning the table?** 식탁 좀 닦아 줄래?

Do you mind **not smoking here?** 여기서 금연해 주실 수 있나요?

Dialogue

A: Do you mind putting your seat back up? 좌석을 똑바로 해 주시겠어요?

B: I'm sorry. Is this okay? 죄송해요. 이러면 괜찮나요?

A: That's good. Thank you. 네 좋아요. 감사합니다.

이 상황에서는 이렇게 말할 수도 있어요.

- 죄송하지만 제가 음식을 테이블에 놓을 수 없네요.
  ▶ Sorry. I can't put my food on the table.
- 실례지만 좌석을 너무 뒤로 제치셨어요.
  ▶ Excuse me, sir. You reclined way too much.
- 제가 식사하는 동안이라도 좌석을 똑바로 해 주시겠어요?
  ▶ Would you put your seat back up while I'm eating?
- 좌석을 조금만 앞으로 해 주시면 감사하겠어요.
  ▶ I'd appreciate it if you would move your seat forward a little.

Don't you see I'm eating behind you?

뒤에 식사하는 거 안 보여요?

Don't you see ~ ?는 '~ 가 안 보여요?' 혹은 '~ 하는 거 안 보이세요?'라는 뜻으로 상대방에게 불만을 표출할 때 쓸 수 있는 표현이에요. **see** 뒤에는 간단하게 단어 하나를 써도 되고 '주어 + 동사' 형태의 문장을 써도 돼요.

예 문

Don't you see the stop sign? 정지 신호 안 보여요?

Don't you see people are waiting here? 사람들이 여기서 기다리는 거 안 보여요?

Don't you see there's someone in the room? 방에 누가 있는 거 안 보여요?

Dialogue

A: Hey, don't you see I'm eating behind you? 이봐요, 뒤에 식사하는 거 안 보여요?

B: I reclined just a little bit. 난 조금만 뒤로 한 거에요.

A: I can't even put my food on the table. 테이블에 음식을 올릴 수도 없다구요.

Say It More

이 상황에서는 이렇게 말할 수도 있어요.

- 여기가 당신 혼자 쓰는 안방이 아니잖아요.
  - ▶ This is not YOUR living room!
- 묻지도 않고 좌석을 젖히면 안되죠!
  - ▶ You should've asked before reclining your seat!
- 당신이 내 커피를 쏟았잖아요! 매너 좀 배우세요!
  - ▶ You spilt my coffee! Learn some manners!
- 좌석을 앞으로 하지 않으면 승무원을 호출하겠어요.
  - ▶ Move your seat forward or I'll call the flight attendant.

Practice 1 주어진 표현을 이용해서 문장을 완성해 보세요.

~ 해 주시겠어요? / Do you mind ~ ?

1	볼륨을 줄여 주시겠어요? turning the volume down	Do you mind ____________________?
2	뒤로 물러나 주시겠어요? stepping back, please	Do you mind ____________________?
3	의자를 옮겨 주시겠어요? moving your chair	Do you mind ____________________?
4	사진을 찍지 말아 주시겠어요? not taking photos	____________________?

~ 안 보여요? / Don't you see ~ ?

1	가방에 내 이름 안 보여? my name on the bag	Don't you see ____________________?
2	국에 파리 빠진 거 안 보여요? the fly in my soup	Don't you see ____________________?
3	내가 공부하는 거 안 보이니? I'm studying	Don't you see ____________________?
4	우리가 널 도와주려고 하는 거 안 보이니? we're trying to help you	____________________?

Practice 2 주어진 표현을 이용해서 대화를 완성해 보세요.

A: Excuse me. 1. 불을 좀 꺼 주시겠어요? (turning the light off)

B: Sorry, I have very important work to do.

A: 2. 사람들이 자고 있는 거 안 보여요? (everyone's sleeping now).

B: I'm so sorry. I'll turn it off when I'm done.

A: Why don't you move to the seat next to the lavatory? It's empty.

B: Oh, I'll do that.

미국 입국 심사장에서

당신은 악명 높기로 유명한 미국 입국 심사를 통과해야 합니다. 심사관의 질문에 제대로 대답하지 못하면 2차 취조실로 끌려간다는 말을 많이 들어서인지 가슴이 벌렁거리기 시작합니다. 이제 당신의 차례가 되었습니다. 심사관이 심드렁하게 뭐라고 질문을 하는데 긴장이 되어 무슨 말인지 잘 모르겠어요. 그냥 비행기 안에서 벼락치기로 익힌 문장을 대충 말할까요? 아니면 부끄럽지만 다시 말해달라고 할까요?

Choice A	Choice B
다시 말씀해 주시겠어요? Go to Page 182	**2주간 있을 예정입니다.** Go to Page 183

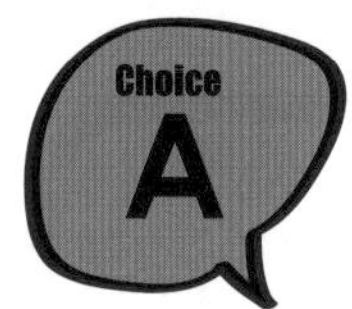

Would you say that again, please?

다시 말씀해 주시겠어요?

Would you ~ ?는 '~ 해 주시겠어요?'라는 뜻이에요. 상대에게 정중하게 부탁을 할 때 쓰는 표현이죠. **Will you ~ ?** 역시 부탁을 하는 표현이지만 **Would you ~?**가 더 정중한 표현입니다. 영어에서는 **would**나 **could** 같이 조동사의 과거 형태를 쓰면 공손함의 정도가 더 커지는 경향이 있거든요. 그리고 뒤에 **please**를 붙인다면 더 공손하게 부탁할 수 있겠죠?

예 문

Would you read the sentences? 그 문장을 읽어 줄래?

Would you take the trash out? 쓰레기를 밖에 내다 줄래?

Would you do me a favor? 도와 주시겠어요?

Dialogue

A: How long are you staying in New York? 뉴욕에 얼마나 있을 건가요?

B: Would you say that again, please? 다시 말씀해 주시겠어요?

A: How long are you staying? Days? Weeks? 얼마나 있을 거냐구요. 몇 일? 몇 주?

Say It More

이 상황에서는 이렇게 말할 수도 있어요.

- 죄송하지만 무슨 말씀인지 못 들었어요.
  ▶ I'm sorry. I couldn't hear what you said.
- 비행기를 오래 타서 귀가 먹먹해요. 다시 말씀해 주시겠어요?
  ▶ My ears are still plugged after a long flight. Say that again, please?
- 영어를 잘 못해요. 천천히 말해 주시겠어요?
  ▶ My English isn't that good. Would you speak slowly, please?
- 한국어 통역관이 있을까요?
  ▶ Do you have a Korean interpreter?

I'm staying for two weeks.

2주간 있을 예정입니다.

앞으로 할 일을 말할 때는 **I'm ~ ing** 형태를 써 보세요. 현재 진행형 **(be 동사 + ~ing)** 은 '~하고 있는 중이야'라는 뜻으로 쓰일 뿐만 아니라 '~할 거야', '~할 예정이야'라는 의미로 앞으로의 계획을 말할 때도 쓴답니다. 미묘한 의미 차이가 있긴 하지만 **'I'm going to ~'** 역시 '~ 할 거에요'라는 뜻으로 자주 써요.

예 문

I'm meeting Michael tomorrow. 내일 마이크를 만나요.

I'm visiting my sister in Seattle. 시애틀에 있는 동생을 방문할 예정이에요.

I'm watching a movie with Rachel. 내일 레이첼과 영화를 볼 거야.

Dialogue

A: How long are you going to stay in New York? 뉴욕에 얼마나 있을 건가요?

B: I'm staying for two weeks. 2주간 있을 예정입니다.

A: Where are you staying? 어디에 있을 건가요?

이 상황에서는 이렇게 말할 수도 있어요.

- 관광하러 왔어요.
  ▶ For sightseeing.
- 최종 목적지는 뉴욕입니다.
  ▶ My final destination is New York City.
- 친구와 여행합니다. 친구가 바로 제 뒤에 있어요.
  ▶ I'm traveling with my friend. She's right behind me.
- 뉴욕에 있는 호텔에서 지냅니다.예약도 해 두었어요.
  ▶ I'm staying in a hotel in NYC. I already made a reservation.

Practice 1 주어진 표현을 이용해서 문장을 완성해 보세요.

~해 주시겠어요? / Would you ~ ?

1	내일 모닝콜 좀 해 주시겠어요? give me a wake-up call tomorrow	Would you ____________________?
2	이것 좀 도와 주시겠어요? help me with this	Would you ____________________?
3	커피 머신 어떻게 쓰는 지 알려 주시겠어요? show me how to use the coffee machine	Would you ____________________?
4	제발 좀 따라오지 말아 줄래요? please stop following me	____________________?

~할 거야 / I'm ~ ing

1	친구들과 하키 게임 갈 거야. go to the hockey game with my friends	I'm ____________________.
2	시험 공부 할 거야. study for the test	I'm ____________________.
3	제 고객과 저녁 식사를 할 겁니다. have dinner with my client	I'm ____________________.
4	헬스 클럽에서 운동할 거야. work out at the gym	____________________.

Practice 2 주어진 표현을 이용해서 대화를 완성해 보세요.

A: What's the purpose of your visit?

B: 1. 다시 말씀해 주시겠어요? (say that again)

A: Why are you visiting Seattle?

B: Oh, for sightseeing.

A: When are you leaving Seattle?

B: 2. 8월 10일에 떠납니다. (leave on August 10th)

식당에서 주문하기

당신은 뉴욕에서의 첫 끼를 근사한 레스토랑에서 먹으려고 합니다. 여행 블로거가 강추한 음식 사진을 보여주며 주문을 하려고 하는데 그 음식은 시즌 한정 메뉴라서 먹을 수가 없다고 하네요. 메뉴판을 펼치니 음식 사진도 하나 없이 온통 영어로만 적혀 있군요. 그나마 New York Strip Steak가 눈에 들어 오네요. 주문을 기다리는 웨이터에게 뭐라고 말하겠습니까?

Choice A	Choice B
뉴욕 스트립 스테이크 주세요. Go to Page 186	**뭘 추천하시나요?** Go to Page 187

I'd like New York strip steak.

뉴욕 스트립 스테이크 주세요.

식당에서 자신이 먹고 싶은 메뉴를 주문할 때는 **I'd like ~**라는 표현을 써 보세요. **like** 뒤에 음식 이름을 붙이기만 하면 됩니다. 발음은 [아이 드 라이크] 가 아니라 [아인라익] 처럼 가볍게 흘리고 음식 이름을 크게 발음하도록 하세요.

예문

I'd like an orange juice. 오렌지 주스 주세요.

I'd like a diet coke. 다이어트 콜라 주세요.

I'd like a cream cheese bagel. 크림 치즈 베이글 주세요.

Dialogue

A: May I take your order? 주문하시겠어요?

B: I'd like a New York strip steak. 뉴욕 스트립 스테이크 주세요.

A: How do you like it cooked? 어떻게 구워 드릴까요?

B: Medium, please. 미디엄이요.

이 상황에서는 이렇게 말할 수도 있어요.

- 매운 음식이 있나요?
  ▶ Do you have any spicy food?
- 저 사람들이 먹는 걸로 주세요.
  ▶ I'll have what they're having.
- 웨스턴 버거를 주시는 데 양파는 빼 주세요.
  ▶ I'd like a Western Burger. No onions, please.
- 감자 튀김 대신에 샐러드로 바꿔도 되나요?
  ▶ Can I get a salad instead of French fries?

What do you recommend?

뭘 추천하시나요?

What do you ~는 '무엇을 ~ 하나요?'라는 뜻의 가장 기본적인 의문문이에요. 뒤에 행동을 나타내는 동사를 붙이기만 하면 질문이 완성되니 패턴을 잘 익혀 두세요.

예 문

What do you **buy?** 무엇을 사세요?

What do you **drink?** 무엇을 마시나요?

What do you **write about?** 무엇에 관해 쓰고 있나요?

Dialogue

A: What would you like to order? 주문하시겠어요?

B: It's my first time to eat here. What do you recommend? 여기가 처음이네요. 뭘 추천하시나요?

A: Our lobster roll is the best. I also like our crab rolls. 랍스터 롤이 가장 맛있어요. 크랩 롤도 좋구요.

B: I'll try the lobster roll. 랍스터 롤을 먹어 볼게요.

Say It More

이 상황에서는 이렇게 말할 수도 있어요.

- 사진 있는 메뉴판은 없나요? 아니면 한국어 메뉴판이라도.
  ▶ Do you have a menu with pictures? Or a Korean menu?
- (핸드폰 사진을 보여주며) 이게 뭔지 아세요? 친구가 여기서 이걸 먹어야 한다고 해서요.
  ▶ Do you know what this is? My friend said I have to have this.
- 여기서 가장 인기 있는 음식이 뭐에요?
  ▶ What's the most popular dish in this place?
- 두 명이 먹기에 충분할까요?
  ▶ Is it enough for two people?

Practice 1 주어진 표현을 이용해서 문장을 완성해 보세요.

~ 주세요 / I'd like~

1	아이스커피 라지로 주세요. a large iced coffee	I'd like ______________.
2	복도 좌석으로 주세요. the aisle seat	I'd like ______________.
3	라떼 톨 사이즈로 주세요. a tall latte	I'd like ______________.
4	빨간 걸로 주세요. the red one	______________.

무엇을 ~ 하나요? / What do you ~ ?

1	뭘 먹나요? eat	What do you ______________?
2	무엇을 그리세요? draw	What do you ______________?
3	뭘 읽어요? read	What do you ______________?
4	뭘 시청하나요? watch on TV	______________?

Practice 2 주어진 표현을 이용해서 대화를 완성해 보세요.

A: All set to order?

B: There are so many choices. 1. 해산물 좋아하는 사람에게 뭘 추천하시나요? (recommend to a seafood lover)

A: Well, our seafood platter is really nice.

B: Okay, I'll have that.

A: You can choose two sides from the menu.

B: 2. 감자 튀김하고 구운 고구마 주세요. (French fries and baked sweet potatoes)

덜 익은 스테이크

에너지 보충이 절실해서 오늘 저녁 당신은 스테이크를 먹으려고 해요. 한국에서처럼 고기의 굽기를 미디엄으로 주문합니다. 주문한 음식이 나오고 스테이크를 자르는데 생각보다 고기에서 피가 많이 나오는 군요. 다시 주문을 하자니 미안한 마음이 들기도 하고, 그렇다고 그냥 먹자니 피 비린내가 많이 날 것 같기도 하네요. 때 마침 우리 테이블로 다가온 웨이터에게 뭐라고 말하겠습니까?

Choice A	Choice B
리필 해 주시겠어요? Go to Page 190	**이거 덜 익은 것 같아요.** Go to Page 191

Can I get a refill?

리필 해 주시겠어요?

Can I ~ ?는 두 가지 의미로 자주 사용하는 표현이에요. '제가 ~ 해도 될까요?'라는 뜻으로 허락을 구할 때 쓸 수도 있고, '~ 해 주시겠어요?'라는 의미로 상대에게 공손하게 무언가를 요청할 때 쓸 수도 있어요. [캔 아이] 라고 또박 또박 발음하지 말고 [커나이] 처럼 흘려서 발음해 주세요.

예문

Can I call you later? 나중에 전화해도 될까요?

Can I leave now? 지금 가도 되나요?

Can I take off my shoes? 신발을 벗어도 되나요?

Dialogue

A: How is your steak? 스테이크 어떠세요?

B: Great. Can I get a refill? 좋아요. 리필 해 주시겠어요?

A: Sure. Diet coke, isn't it? 물론이죠. 다이어트 콜라 맞죠?

Say It More

이 상황에서는 이렇게 말할 수도 있어요.

- 물 좀 주시겠어요? 얼음 넣어서요.
  ▶ Can I get some water? With ice, please.
- 다 괜찮네요. 맛있어요.
  ▶ Everything is great. Delicious.
- 디저트 메뉴로 뭐가 있나요?
  ▶ What do you have for dessert?
- 음식 양이 많네요. 남은 거 싸 주시겠어요?
  ▶ It's a lot of food. Can I get a take-out container for leftover?

It seems undercooked.

이거 덜 익은 것 같아요.

seem ~는 '~ 인 것 같아요'라는 뜻이에요. 100% 확신하며 말하는 게 아니라 자신의 느낌이나 추측을 상대방에게 전달할 때 쓰는 표현이죠. seem 뒤에는 형용사 형태를 쓰거나 to 부정사를 쓸 수 있는데 to 뒤에는 꼭 동사의 기본형을 써 주세요.

예 문

It seems **too expensive.** 너무 비싼 것 같아요.

It seems **to be brand-new.** 새 것 같군요.

He seems **to be happy with your present.** 그가 당신 선물을 받아 행복한 것 같아요.

Dialogue

A: How is your steak? 스테이크 어떠세요?

B: It seems undercooked. 덜 익은 것 같아요.

A: Hmm, it seems to be too bloody for medium. 음, 미디엄치고는 너무 피가 많네요.

이 상황에서는 이렇게 말할 수도 있어요.

- 피 맛이 너무 나요. 더 익혀 주시겠어요?
  ▶ It tastes too bloody. Can you cook it a bit more?
- 제가 기대했던 거 하고 많이 다르네요.
  ▶ It's very different from what I expected.
- 더 이상 못 먹겠어요. 계산서 줘요!
  ▶ I can't eat any more of this. Give me my check!
- 이런 쓰레기 같은 스테이크에 50 달러를 쓰고 싶지는 않네요.
  ▶ I really don't want to pay 50 dollars for this shitty steak

Practice 1 주어진 표현을 이용해서 문장을 완성해 보세요.

~ 해도 될까요? / Can I ~ ?

1	여기에 잠시 주차해도 될까요? park here for a moment	Can I ____________________?
2	윌리엄과 통화할 수 있을까요? speak to William	Can I ____________________?
3	들어가도 될까요? come in	Can I ____________________?
4	다음 주로 모임을 미뤄도 될까요? postpone our meeting to next week	____________________?

~ 인 것 같아요 / seems ~

1	이제 좋아진 것 같아. better now	It seems ____________________.
2	괜찮은 것 같아. all right	It seems ____________________.
3	그녀가 아픈 것 같아요. to be sick	She seems ____________________.
4	그가 지금 바쁜 것 같군요. to be busy right now	He seems ____________________.

Practice 2 주어진 표현을 이용해서 대화를 완성해 보세요.

A: Is there anything you need?

B: Yes. 1. 이거 너무 익은 것 같아요. (to be cooked too much) I said medium, but it's almost well-done.

A: Okay. Let me take it back. I'll talk to the chef.

B: Thank you. 2. 냅킨 좀 주시겠어요? (get some napkins)

A: Sure. Do you want a refill?

B: Sure. Thank you.

뉴욕에서의 쇼핑

패셔니스타인 당신은 뉴욕 소호에서 제일 잘 나간다는 편집 매장으로 들어갑니다. 오픈 시간이라 그런지 매장에는 손님이 하나도 없네요. 잠시 둘러보고 나가려고 했는데 직원은 당신의 영어 실력과는 상관 없이 계속 말을 붙이면서 필요한 게 있는지 물어보는 눈치에요. 직원에게 무슨 말을 하시겠습니까?

Choice A	Choice B
이거 미디엄 사이즈 있나요? Go to Page 194	**그냥 둘러 보는 거에요.** Go to Page 195

Do you have this in a medium?

이거 미디엄 사이즈 있나요?

쇼핑을 할 때 점원에게 '~ 있어요?' 라고 물어볼 때는 **Do you have ~ ?**를 써 보세요. **have** 뒤에 여러분이 찾는 물건을 영어로 붙이기만 하면 됩니다. '~ 가 있다' 라는 의미를 살리고자 **'Is there ~?'**라고 물어보면 매우 어색합니다.

예 문

Do you have **soy milk?** 두유 있나요?

Do you have **washable markers?** 지워지는 마커 있나요?

Do you have **a larger size?** 더 큰 사이즈 있나요?

Dialogue

A: Do you have this in a medium? 이거 미디엄 있나요?

B: Let me check. 확인해 볼게요.

A: Thank you. 감사합니다.

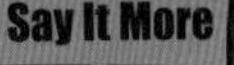

이 상황에서는 이렇게 말할 수도 있어요.

- 패션 잡지는 어디에 있나요?
  ▶ Where can I find fashion magazines?
- 이거 세일 제품인가요? 그리고 더 작은 사이즈도 있나요?
  ▶ Is this on sale? And do you have a smaller size?
- 이거 다른 색깔도 있나요? 좀 더 어두운 색으로요.
  ▶ Do you have this in different colors? A bit darker ones?
- 이거 새 제품 있나요?
  ▶ Do you have a new one of this?

I'm just browsing.

그냥 둘러보는 거예요.

I'm just ~ ing 는 '그냥 ~ 하고 있어요.' 라는 뜻으로 특별한 의도나 목적이 없이 어떤 행동을 하고 있다는 말이에요. 이 표현 역시 [아임 저스트] 가 아니라 [암저스] 처럼 흘려서 발음하세요.

예문

I'm just asking. 그냥 물어보는 거에요.

I'm just passing by. 그냥 지나가는 겁니다.

I'm just chilling. 그냥 있는 거에요.

Dialogue

A: Is there anything you're looking for? 찾는 거 있으신가요?

B: Not really. I'm just browsing. 아니요. 그냥 둘러보는 거에요.

A: Feel free to look around. 천천히 둘러 보세요.

이 상황에서는 이렇게 말할 수도 있어요.

- 한국에서 왔는데 이 숍이 정말 잘 나간다고 하더라구요.
  ▶ I'm visiting from Korea. I heard this shop is so popular.
- 당신이 입고 있는 치마 너무 이뻐요. 이 가게에 있는 건가요?
  ▶ I love your skirt. Do you have it in here?
- 이 코트가 너무 마음에 들어요. 입어 봐도 되나요?
  ▶ I really love this coat. May I try it on?
- 여기 되게 한산하네요. 여기는 항상 이런 건가요?
  ▶ It's very quiet here. Is it always like this?

Practice 1 주어진 표현을 이용해서 문장을 완성해 보세요.

~ 있나요? / Do you have ~ ?

1	이거 34 사이즈 있나요? this in a 34	Do you have ______________?
2	레드 와인 있으세요? red wine	Do you have ______________?
3	이거 라지로 있어요? this in a large	Do you have ______________?
4	이거 다른 색깔로 있으세요 this in different colors	______________?

그냥 ~ 하고 있어요 / I'm just ~ ing

1	그냥 확인하는 거에요. checking in	I'm just ______________.
2	그냥 제 일을 하는 거에요. doing my job	I'm just ______________.
3	그냥 아무 것도 안 해. doing nothing	I'm just ______________.
4	말이 그런 거지. saying	______________.

Practice 2 주어진 표현을 이용해서 대화를 완성해 보세요.

A: Are you all set?

B: Yes.

A: 1. 스타몰 멤버십 카드 있으세요? (a Star Mall Membership Card)

B: No, I don't.

A: Would you like to register for one now?

B: No, thank you. 2. 그냥 여기 잠시 들른 거에요. (visiting here)

미국 아울렛에서 득템하기

여기는 뉴욕 여행의 필수코스, 우드베리 아울렛입니다. 우연히 들어간 명품 매장에서 당신은 한국에서는 사이즈 품절이라 구할 수 없었던 땡땡이 스커트를 발견합니다. 그것도 70% 세일 코너에서 말이죠. 그런데 가격표를 보니 세일 상품인지 아닌지 애매하군요. 아, 마침 옆에 직원이 서 있네요. 헌데 다짜고짜 가격을 물어 보자니 좀 그렇네요. 그리고 입어봐야 할 것 같기도 해요. 직원에게 뭐라고 물어보겠습니까?

Choice A	Choice B
탈의실이 어디에 있나요? Go to Page 198	**이 스커트 얼마에요?** Go to Page 199

Where's the dressing room?

탈의실이 어디에 있나요?

'~ 는 어디에 있나요?' 라고 물어 볼 때는 **Where's ~ ?**라는 표현을 쓰세요. **Where's** 뒤에 여러분이 찾는 장소를 영어로 붙이면 됩니다. [웨어 이즈] 라고 발음하는 것보다는 [웨얼즈] 같이 흘리며 발음하세요.

예 문

Where's the ladies' room? 여자 화장실이 어디에요?

Where's the nearest subway station? 제일 가까운 지하철 역이 어디에요?

Where's the men's room? 남자 화장실이 어디에요?

Dialogue

A: Excuse me. Where's the dressing room? 저기요. 탈의실이 어디에요?

B: It's right next to women's accessory. 여성 악세서리 바로 옆이에요.

A: Thank you. 고마워요.

Say It More

이 상황에서는 이렇게 말할 수도 있어요.

- 미디엄 하고 라지 같이 입어 볼게요
  ▶ I'd like to try on both a medium and a large.
- 탈의실에 몇 개를 가지고 들어갈 수 있나요?
  ▶ How many items can I bring into the dressing room?
- 수영복을 입어 봐도 되나요?
  ▶ May I try on the swimming suit?
- 탈의실이 이거 한 개 밖에 없나요?
  ▶ Is this the only dressing room I can use?

How much is this skirt?

이 스커트 얼마에요?

How much is/are ~ ?는 '~ 가 얼마에요?'라는 의미로 가격을 물어보는 표현이에요. 물건이 하나일 때는 **is**를, 여러 개일 때는 **are**를 써요. 물건을 들고 **How much?**라고만 해도 의미가 통합니다. **How much do I owe you?** 역시 **How much is it?**처럼 가격을 물어보는 질문이에요.

예 문

How much is it? 얼마에요?

How much is the postcard? 엽서 얼마에요?

How much are they in total? 다 얼마에요?

Dialogue

A: Excuse me. How much is this skirt? 저기요, 이 스커트 얼마에요?

B: Let me scan it. It's $29.99 plus tax. 스캔해 볼 게요. 세금 포함 29.99 달러입니다.

A: Great price. I'll take it. 가격 좋네요. 살게요.

Say It More 이 상황에서는 이렇게 말할 수도 있어요.

- 가격 확인하는 스캐너가 안 되네요. 가격을 확인해 주시겠어요?
  ▶ The price scanner doesn't work. Would you price this, please?
- 이 가격에서 추가 30% 하는 건가요?
  ▶ Can I get an extra 30% off from this price?
- 면세 받을 수 있나요?
  ▶ Can I get it duty-free?
- 선물 포장 해 주실 수 있나요?
  ▶ Can I get it gift-wrapped?

Practice 1 주어진 표현을 이용해서 문장을 완성해 보세요.

~ 가 어디에 있어요? / Where's ~ ?

1	내 모자 어디에 있어? my hat	Where's ______________?
2	25번 게이트가 어디에 있죠? Gate 25	Where's ______________?
3	당신 차 어디에 있어? your car	Where's ______________?
4	가장 가까운 출구가 어디에 있어요? the nearest exit	______________?

~ 가 얼마에요? / How much is/are ~ ?

1	커피 얼마에요? the coffee	How much is ______________?
2	가방 얼마에요? the bag	How much is ______________?
3	그림 얼마에요? the painting	How much is ______________?
4	두 사람은 얼마에요? it for two people	______________?

Practice 2 주어진 표현을 이용해서 대화를 완성해 보세요.

A: 1. 이 폴로 셔츠 얼마에요? (this polo shirt) I don't see the price tag.

B: The tag must be inside the shirt. There it is. It's $9.99.

A: Great! I'll buy it.

B: Is there anything else you need?

A: 2. 여자 화장실이 어디에요? (the ladies' room)

B: It's on the first floor. Right next to the coffee shop.

가격 흥정하기

당신은 뉴욕 여행의 버킷 리스트 중 하나인 지붕 없는 관광 버스를 타려고 합니다. 번화가로 나가니 여러 종류의 버스가 있네요. 눈치를 보아하니 흥정만 잘 하면 더 싼 값에 티켓을 구입할 수 있을 것 같아요. 때 마침 티켓 판매원이 두 명에 80 달러를 제시합니다. 그 사람에게 뭐라고 말하겠습니까?

Choice A	Choice B
좋아요. Go to Page 202	70 달러 어때요? Go to Page 203

That's great.

좋아요.

That's ~는 상대방의 말이나 행동에 대해 자신의 생각을 말할 때 쓰는 표현이에요. 상대에게 동조하거나 기쁨을 표현할 때는 **great, excellent, awesome** 등의 긍정의 단어를, 동조하지 않거나 부정적인 느낌을 말할 때는 **bad, awful, disappointing** 등의 부정의 단어를 넣으면 됩니다. **That sounds ~.** 역시 비슷한 의미로 쓸 수 있는 표현이에요.

예 문

That's awesome. 좋아요.

That's a good idea. 좋은 생각이에요.

That's interesting. 흥미롭군요.

Dialogue

A: How much is the bus tour? 버스 투어 얼마인가요?

B: 60 dollars per person. If you buy two, it's 80 dollars. 일인당 60달러에요. 두 장을 사면 80달러에요.

A: That's great. Can you show me the route? 좋아요. 경로를 보여 주시겠어요?

B: Sure. Here's the map. 물론이죠. 여기 지도 있습니다.

이 상황에서는 이렇게 말할 수도 있어요.

- 제가 생각했던 가격이네요. 할게요!
  ▶ That's the price I expected. Deal!
- 이거 브루클린도 가나요?
  ▶ Does this also go to Brooklyn?
- 지금 바로 타도 되나요?
  ▶ Can we get on the bus now?
- 전체 투어가 얼마나 걸리는 건가요?
  ▶ How long is the entire bus tour?

How about 70?

70 달러 어때요?

How about ~?은 '~ 는 어때요?'라는 뜻으로 상대에게 무언가를 제안할 때 쓰는 표현입니다. 만일 '~ 하는 건 어때?'라는 의미로 행동을 제안할 때는 **about** 뒤에 **동사 + ~ing** 형태를 꼭 써 주세요.

예문

How about **this hat?** 이 모자는 어때요?

How about **this place?** 이 곳은 어때요?

How about **having a party for her?** 그녀를 위해 파티를 여는 건 어때?

Dialogue

A: How much is the hop on/off bus for two? 합 온/오프 버스 두 명은 얼마에요?

B: 60 dollars per person. If you buy two, it's 80 dollars. 일인당 60달러에요. 두 장을 사면 80달러에요.

A: How about 70? 70달러 어때요?

B: No less than 80. 80달러 이하는 안 돼요.

Say It More

이 상황에서는 이렇게 말할 수도 있어요.

- 너무 비싸요. 더 싸게 해 주실 수 있나요?
  ▶ That's too much. Can you give us more of a discount?
- 다른 곳에서는 60 달러에 하던데요.
  ▶ Well, the other bus tour charges only 60 dollars.
- 현금으로 70 달러 어때요? 지금 그거 밖에 없어요.
  ▶ How about 70 dollars cash? That's all I have.
- 제 친구가 이틀 전에 50 달러에 탔다고 하더라구요.
  ▶ My friend told me he got this for 50 bucks two days ago.

Practice 1 주어진 표현을 이용해서 문장을 완성해 보세요.

~ 이네요. / That's ~

1	좋아요. nice	That's ________________.
2	이상해요. weird	That's ________________.
3	끔찍하네요. awful	That's ________________.
4	너무 비싸네요. too expensive	________________.

~ 는 어때요? / How about ~ ?

1	피자 어때요? pizza	How about ________________?
2	아침에 조깅하는 거 어때요? jogging in the morning	How about ________________?
3	중국어 공부하는 건 어때요? studying Chinese	How about ________________?
4	백만원 기부하는 건 어때요? donating 1 million won?	________________?

Practice 2 주어진 표현을 이용해서 대화를 완성해 보세요.

A: How much is it for two tickets?

B: 120 dollars for two tickets.

A: 1. 너무 비싸요. (too much) Is it the same price if I pay cash?

B: I'll give it to you for $110 if you pay cash.

A: 2. 100 달러 어때요? ($100)

B: Okay.

길 물어 보기

누가 구글 지도만 있으면 어디든 찾아 갈 수 있다고 했나요? 당신은 뉴욕에서 잘 나간다는 빈티지 숍을 찾아 30분째 헤매고 있지만 구글 지도는 계속 이상한 방향만 가리키고 있어요. 평소처럼 짜증을 내고 있는데 한 남자가 당신의 사정을 다 알고 있다는 듯 도와주려고 합니다. 위험한 사람 같지는 않지만 눈 뜨고 코 베어간다는 뉴욕에서 낯선 사람과 말을 해도 될까요? 그 사람에게 뭐라고 말하겠습니까?

Choice A	Choice B
더 클로짓이 어디에 있는지 아세요? Go to Page 206	**괜찮아요. 어디로 가는지 알아요.** Go to Page 207

Do you know where the Closet is?

더 클로짓이 어디에 있는지 아세요?

Do you know + 의문사 + 주어 + 동사? 는 상대방에게 정보를 물어볼 때 자주 사용하는 질문 패턴이에요. 여러분이 물어보고 싶은 내용에 따라 **what**(무엇), **where**(어디), **when**(언제) 등 적절한 의문사를 선택하고 그 뒤에 주어와 동사를 연결시켜 주면 됩니다. 좀 복잡하게 들릴 수도 있지만 아래 예문을 보면서 충분히 연습하면 그리 어렵지 않아요.

예문

Do you know where he is? 그가 어디에 있는지 아세요?

Do you know where the post office is? 우체국이 어디에 있는지 아세요?

Do you know when the mall is closing? 몰이 언제 닫는지 아세요?

Dialogue

A: Do you know where the Closet is? 더 클로짓이 어디에 있는지 아세요?

B: You mean the vintage clothing shop? 빈티지 옷 가게 말이죠?

A: That's right. 네 맞아요.

B: I'm heading the same way. Come with me. 저도 그 쪽으로 가고 있어요. 같이 가요.

이 상황에서는 이렇게 말할 수도 있어요.

- 지도에서 여기가 어딘지 알려 주시겠어요?
  ▶ Can you show me where I am on this map?
- 구글 맵이 정말 헷갈리네요. 이 곳을 찾아 30분을 헤매고 있어요.
  ▶ This Google Map is so confusing. I've been trying to find this place for 30 minutes.
- 여기서 얼마나 걸리나요? 여기서 걸어갈 수 있나요?
  ▶ How far is it? Can I walk from here?
- 정말 친절하시네요. 감사해요.
  ▶ You're so kind. Thank you so much.

No thank you. I know where I'm going.

괜찮아요. 어디로 가는지 알아요.

I know + 의문사 + 주어 + 동사. 는 내가 알고 있는 것을 상대방에게 말할 때 쓰는 표현이에요. 말하고 싶은 정보에 따라 what(무엇), where(어디), when(언제) 와 같은 의문사를 선택하고 적절한 주어와 동사를 붙이면 됩니다. 참고로 길을 가르쳐 주겠다는 사람에게 I know where I'm going.이라고 하면 '알고 있으니까 괜찮아요'라는 의미로 하는 말이에요.

예 문

I know why she's mad at me. 그녀가 나에게 왜 화났는지 알아.

I know where we're meeting. 우리가 어디서 만나는지 알아.

I know what she's going to make. 그녀가 뭘 만들지 알아요.

Dialogue

A: Do you need help? 도와드릴까요?

B: No, thank you. I know where I'm going. 괜찮아요. 어디로 가는지 알아요.

A: Okay. 알았어요.

이 상황에서는 이렇게 말할 수도 있어요.

- 괜찮아요. 제가 알아서 찾아갈 수 있어요.
  ▶ I'm fine. I can find my own way.
- 갈 길 가세요. 안 도와 주셔도 돼요.
  ▶ Mind your own business. I don't need your help.
- (전화하는 척 하며) 응, 가고 있어. 5분 뒤에 도착할 거야.
  ▶ Hey, I'm on my way. I'll be there in 5.
- 자꾸 추근대면 경찰을 부르겠어요.
  ▶ I'll call the police if you don't leave me alone.

Practice 1 주어진 표현을 이용해서 문장을 완성해 보세요.

~ 인지 아세요? / Do you know + 의문사 + 주어 + 동사 ?

1	출구가 어디에 있는지 아세요? where the exit is	Do you know ____________________?
2	그녀가 언제 돌아올지 아세요? when she'll be back	Do you know ____________________?
3	모임에 무엇을 가지고 가야하는지 아세요? what we should bring to the meeting	Do you know ____________________?
4	여기 담당자가 누군지 아세요? who's in charge here	____________________?

~ 알아요 / I know + 의문사 + 주어 + 동사

1	버스가 언제 오는지 알아요. when the bus is coming	I know ____________________.
2	어디에서 티켓을 살 수 있는지 알아요. where we can buy the tickets	I know ____________________.
3	그녀가 무엇을 읽는지 알아요. what she's reading	I know ____________________.
4	그가 어디서 차를 렌트 했는지 알아요. where he rented his car	____________________.

Practice 2 주어진 표현을 이용해서 대화를 완성해 보세요.

A: Excuse me. 1. 가장 가까운 지하철 역이 어디인지 아세요? (where the nearest subway station is)

B: Hmm. There's one near the post office, but it's a bit far.

A: How far is it?

B: About 20 minutes. Better to take a bus. The bus stop is …

A: 2. 버스 정류장이 어디인지 알아요. (where the bus stop is) But I prefer to take the subway.

B: Go down about 20 blocks from here. You'll see the sign for Prince Station.

A: Thank you.

뉴욕에서 우버(Uber) 타기

당신은 브로드웨이로 뮤지컬을 보러 갑니다. 미국에 왔으니 말로만 듣던 우버를 타 보기로 합니다. 우버 차량을 타고 여유롭게 뉴욕 맨하탄 거리를 즐기는 것도 잠시 뿐. 운전사가 일부로 막히는 길로 돌아가는 느낌이 드는 거에요. 심지어는 교통 체증 때문에 거북이 걸음을 하고 있어 뮤지컬에 늦을 지도 모르는 상황입니다. 우버 운전자에게 뭐라고 하시겠습니까?

Choice A	Choice B
더 빨리 가 주시겠어요? Go to Page 210	**세워주세요.** Go to Page 211

Can you go any faster?

더 빨리 가 주시겠어요?

Can you ~?는 '~ 해 주시겠어요?'라는 뜻으로 상대에게 공손하게 무언가를 부탁할 때 쓰는 표현이에요. **Could you ~?** 역시 공손하게 부탁하는 표현인데 **Can you ~?** 보다 더 공손하게 부탁한다는 뉘앙스가 있어요.

예문

Can you **trim my hair?** 머리를 다듬어 주시겠어요?

Can you **move the pot for me?** 냄비 좀 옮겨 주시겠어요?

Can you **come by my place today?** 오늘 우리 집에 들려 주실래요?

Dialogue

A: Can you go any faster? 더 빨리 가 주시겠어요?

B: I wish I could. The traffic's always horrible at this time. 그러면 좋죠. 이 시간에는 항상 막혀요.

A: I have to be at Albert Hall by 8. 알버트 홀에 8시까지 가야 해요.

B: Don't worry. We'll get there before then. 걱정마세요. 그 전에는 도착하니까.

Say It More

이 상황에서는 이렇게 말할 수도 있어요.

- 더 빠른 길 모르세요? 너무 급해서요.
  ▶ Do you know a faster way? I'm in a hurry.
- 8시까지는 도착할 수 있을까요?
  ▶ Do you think we can get there by 8?
- 더 빨리 가 주시면 20달러를 더 드릴게요.
  ▶ I'll give you 20 dollars more if you go faster.
- 뉴욕이 서울보다 더 막힐 줄 몰랐어요.
  ▶ I didn't know traffic in New York is worse than Seoul.

I want you to pull over.

세워 주세요.

I want you to ~는 '~ 해 주세요'라는 뜻으로 상대방에게 무언가를 요청할 때 쓰는 표현이에요. Can you ~ ? 보다는 공손함의 정도가 많이 떨어지는 표현이지만 그렇다고 무례하게 명령하는 표현도 아니에요. 또한 I want you to ~는 '네가 ~ 했으면 좋겠어'라는 뜻으로 상대에 대한 바람을 말할 때 쓰기도 해요.

예 문

I want you to **get a better job.** 네가 더 좋은 일자리를 가지면 좋겠어.

I want you to **move out.** 나가 주셨으면 해요.

I want you to **be happy.** 네가 행복했으면 좋겠어.

Dialogue

A: There must be an accident. Cars aren't moving at all. 사고 났나 보네. 차들이 꿈쩍도 안 하네요.

B: Do you think we can get to Albert Hall by 8? 알버트 홀에 8시까지 갈 수 있을까요?

A: I have no idea. 모르겠어요.

B: I want you to pull over. **I'd better walk.** 세워 주세요. 걸어가는 게 낫겠어요.

Say It More

이 상황에서는 이렇게 말할 수도 있어요.

- 제가 잘 모르는 관광객이라서 일부러 거에요?
  ▶ Are you taking a longer route because I'm an ignorant tourist?
- 차라리 걸어 가는 게 낫겠어요. 차 세워요.
  ▶ I'd rather walk. Pull over.
- 요금은 거리로 하는 건가요, 아니면 시간으로 하는 건가요?
  ▶ Are your fares based on distance or time?
- 가장 가까운 지하철 역에 세워 주시겠어요?
  ▶ Would you pull over at the nearest subway station?

Practice 1 주어진 표현을 이용해서 문장을 완성해 보세요.

~ 해 주시겠어요? / Can you ~ ?

1	자리 좀 바꿔 주실래요? switch seats	Can you ____________?
2	깎아 주시겠어요? give me a discount	Can you ____________?
3	돈을 조만간 갚아 줄 수 있어? pay me back soon	Can you ____________?
4	소리 좀 낮춰 주실래요? keep it down, please	____________?

당신이 ~ 하길 바래요 / I want you to ~

1	당신이 인터뷰를 보길 바래요. have an interview	I want you to ____________.
2	당신이 우리 가족을 만나길 바래요. meet my family	I want you to ____________.
3	샤워기를 고쳐 주세요. fix the shower	I want you to ____________.
4	당신 동생에게 더 자주 전화해 주세요. call your sister more often	____________.

Practice 2 주어진 표현을 이용해서 대화를 완성해 보세요.

A: Are we going the right way?

B: Lincoln Center, right?

A: Yes. Google Map shows a different way.

B: I'm taking a short cut.

A: 1. 5번가 말고 6번가로 가 주시겠어요? (take 6th Avenue, not 5th)

B: There'll be rush hour traffic on 6th.

A: 2. 6번가로 가 주세요. (take 6th Avenue) It's much faster.

학생 할인 받기

당신은 뉴욕 MoMA 미술관에 도착했습니다. 표를 구입하려고 알아보니 학생들은 10% 할인 혜택을 받을 수 있을 것 같습니다. 하지만 국제 학생증을 발급해 오지 않아서 지금 당신에게는 한국 대학원 학생증 밖에 없습니다. 혹시나 하는 마음에 이 학생증으로 할인을 받을 수 있는지 물어 보시겠습니까? 아니면 쿨하게 10% 할인을 포기하고 표를 구입하시겠습니까?

Choice A	Choice B
할인을 받을 수 있을까 해서요. Go to Page 214	**성인 한 명이요.** Go to Page 215

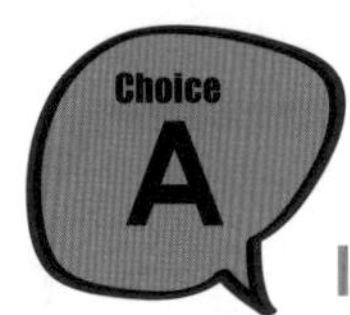

I wonder if you can give me a discount.

할인을 받을 수 있을까 해서요.

I wonder if ~는 '~ 할 수 있을까 해서요'라는 뜻으로 상대에게 무언가를 알아보거나 상대방의 의견을 정중하게 물어보는 표현이에요. if 뒤에는 '주어 + 동사'의 형태를 붙여야 합니다.

예문

I wonder if **you are still interested.** 여전히 관심이 있으신가 해서요.

I wonder if **you can come to the meeting.** 회의에 오시나 해서요.

I wonder if **you are playing the game tomorrow.** 내일 게임을 하실 수 있나 해서요.

Dialogue

A: I wonder if you can give me a discount. **I have a Korean student ID.** 할인을 받을 수 있을까 해서요. 한국 학생증이 있어요.

B: Let me see the ID. 학생증 보여 주세요.

A: Here it is. 여기 있어요.

이 상황에서는 이렇게 말할 수도 있어요.

- 한국 학생증에 이름이 영어로 적혀 있어요.
  ▶ My Korean student ID has my name in English.
- 국제 학생증은 안 가져 왔어요.
  ▶ I don't have an international student ID.
- 다른 할인은 없나요?
  ▶ Do you have any other discounts?
- 딱 봐도 제가 학생 같지 않나요?
  ▶ Don't I look like a college student?

One adult, **please.**

성인 한 명이요.

가게에서 물건을 구입할 때나 상대에게 무언가를 달라고 할 때는 물건의 이름을 영어로 말하고 뒤에 **please**만 붙이면 됩니다. **please**를 붙이지 않고 물건의 이름만 말하면 아주 무례한 말이 되니까 조심해 주세요.

예 문

Medium latte, please. 라떼 미디엄 사이즈요.

Diet coke, please. 다이어트 콜라 주세요.

Two for Parasite at 2:30, please. 기생충 2시 30분꺼 2장 주세요.

Dialogue

A: One adult, please. 성인 한 장이요.

B: It will be $20. Debit or credit? 20달러입니다. 신용카드에요 아니면 직불 카드에요?

A: Credit. 신용카드에요.

B: Here's your receipt and the ticket. Enjoy. 영수증과 티켓 여기 있어요. 좋은 시간 되세요.

이 상황에서는 이렇게 말할 수도 있어요.

- 가방 보관하는 곳은 어디에 있나요?
  ▶ Where can I lock my backpack?
- 오디오 가이드를 어디서 신청할 수 있나요?
  ▶ Where can I sign up for the audio guide?
- 표를 인터넷으로 구입했어요. 표를 인쇄해 왔구요.
  ▶ I bought the ticket online. Here's the printed ticket.
- 호크니 전시는 어디에서 하나요?
  ▶ Where's the Hockney exhibit?

Practice 1 주어진 표현을 이용해서 문장을 완성해 보세요.

~인가 해서요. / I wonder if ~

1	제 이메일을 받으셨나 해서요. you received my email	I wonder if ____________________.
2	마음을 아직 안 바꾸셨니 궁금하네요. you haven't changed your mind	I wonder if ____________________.
3	시간이 되시나 해서요. you are available	I wonder if ____________________.
4	여기에 7시까지 오실 수 있나 해서요. you can be here by 7	____________________________.

~주세요 / ~, please

1	창가 자리로 주세요. window seat	________________________, please.
2	물 주세요. water	________________________, please.
3	배트맨 1시 두 장 주세요. two tickets for Batman at 1	________________________, please.
4	아이스 라떼 한 잔, 카푸치노 한 잔 주세요. an iced latte and a cappuccino	____________________________.

Practice 2 주어진 표현을 이용해서 대화를 완성해 보세요.

A: 1. 어른 두 장 주세요. (two adults)

B: Are you a MoMA membership card holder?

A: I'm not.

B: Okay. It comes to 40 dollars. Are you paying together or separate?

A: Together. 2. 여행자 수표를 쓸 수 있나 해서요. (I can use traveler's check)

B: We don't accept checks. Cash or credit only.

A: I'll pay cash.

해답

Chapter1

Practice 1

Let me ~

1. cook for you
2. send you a box of chocolates
3. tell you something
4. Let me show you where I live.

I have no idea ~

1. what the book is about
2. where he's going
3. what she wants
4. I have no idea when she's coming back.

Practice 2

A: 스타더스트 커피가 어디에 있는지 아세요?
B: I have no idea where it is. 들어 본 적이 없어요.
A: 구글 맵에는 여기 같은데요.
B: Let me use a Korean App.
A: 감사합니다.
B: 여기 있네요. 몇 달 전에 옆으로 이전했어요.

Chapter 2

Practice 1

What can I ~ ?

1. sing at the wedding
2. buy for your mom
3. leave my dirty socks
4. When can I see you again?

Here's ~

1. the letter
2. your drink
3. your steak
4. Here are the scarves.

Practice 2

A: 좋은 아침이에요. 안녕하세요.
B: 안녕하세요.
A: What can I get for you? Here's an English menu with pictures.
B: 잘 됐군요. 매운 소스 바비큐 치킨 먹을 게요.
A: 마실 건 뭘로 드려요?
B: 생맥주 두 잔이요. 파인트로 주세요.

Chapter 3

Practice 1

I swear I didn't ~

1. see him coming
2. do it on purpose
3. take your money
4. I swear I didn't lie to you.

You're not supposed to ~

1. bring your dog inside
2. swim in the lake
3. take the test
4. You're supposed to keep your bite outside.

Practice 2

A: 저기요. You're supposed to wear a mask in the park.
B: 하지만 밖에 있잖아요.
A: 밖에 있어도 공공장소에서는 마스크를 써야 해요.
B: 미안해요. I swear I didn't know that.
A: 마스크 있어요?
B: 네. 항상 여분을 가방에 가지고 다녀요.

Chapter 4

Practice 1

It's an honor to ~

1. be in your team
2. have you here
3. serve my country
4. It's an honor to collaborate with you.

It was the best ~ ever

1. night
2. vacation
3. game
4. It was the best Christmas ever.

Practice 2

A: 영화 좋았어요?
B: 정말 좋았어요. It was the best movie ever.
A: 고마워요. 이름이 뭐에요?
B: 지현이요. It's an honor to get your autograph.
A: 여기 있어요.
B: 셀카 같이 찍어도 될까요?
A: 물론이죠.

Chapter 5

Practice 1

I wish ~

1. I could be there
2. I had enough money
3. I could read your mind
4. I wish I could speak Chinese like you.

Why don't you ~?

1. apply for the school
2. get a new dress
3. start all over
4. Why don't you tell her the truth?

Practice 2

A: 프롬 파티에 갈 거니?

B: 아니. 아직 아무도 같이 가자고 안 했어. 넌?

A: 나도 그래.

B: Why don't you go with me? 너도 아무도 없지. 나도 그렇잖아.

A: 정말 아니야. 좋은 생각이 아니라고.

B: I wish someone asked me to go to the prom.

Chapter 6

Practice 1

It's like ~

1. Ray's handwriting
2. drinking lemonade
3. talking to the wall
4. It's like I'm still in a dream.

A or B

1. Red, white
2. Milk, no milk
3. Tuck in, untuck
4. Left or right?

Practice 2

A: 정말 귀여운 강아지네요. He or she?

B: 암컷이에요. 이름은 루시에요.

A: 옷이 예쁘네요. It's like a little angel.

B: 고마워요.

A: 만져 봐도 될까요?

B: 그러세요. 사람을 잘 따르는 개니까요.

Chapter 7

Practice 1

I saw you ~

1. leaving his place
2. driving a fancy car
3. meeting Nancy
4. I saw you reading my journal.

That must be ~

1. simple
2. exciting
3. overpriced
4. That must be sold out.

Practice 2

A: 저기요. 뭘 잊으신 것 같은데요.

B: 네?

A: 스카프요. I saw you drop it when you left.

B: 고마워요. 제가 딴 생각이 많았나 봐요.

A: 그리고 this must be yours, too.

B: 제 장갑이네요! 감사합니다.

Chapter 8

Practice 1

I think ~

1. it's so easy
2. she likes you a lot
3. you'd better take the subway
4. I think you should keep the dish.

Are you sure ~ ?

1. we have enough milk
2. you're not going to change your mind
3. this is the last train tonight
4. Are you sure he's already gone?

Practice 2

A: 저기요. Are you sure you're in the right seat?

B: 네. 티켓에 3호실 5D 좌석으로 되어 있네요.

A: 이상하네요. 티켓 좀 봐도 될까요?

B: 물론이죠. 여기 있어요.

A: I think you're on the wrong train. 이 기차는 부산행이에요. 여수가 아니고요.

B: 진짜요? 정말 죄송해요.

Chapter 9

Practice 1

What + 주어 + 동사

1. you're drawing
2. you're explaining
3. I'm saying
4. I love what she's singing.

I'm not interested ~

1. horror movies
2. him
3. scuba diving
4. I'm interested in palm reading.

Practice 2

A: 저희는 기아로 고통받는 아이들을 돕고 있어요.
B: What you're doing is so meaningful.
A: 고마워요. 한 달에 만 원 기부하는 건 어떠세요?
B: 좋아요. I'm always interested in helping children in need.
A: 잘됐네요. 성함과 이메일을 여기에 적어 주시겠어요?
B: 알겠어요.

Chapter 10

Practice 1

How do you like ~ ?

1. my new book
2. your room
3. the flowers
4. How do you like the seminar?

Is this your first time to ~ ?

1. drink pickle juice
2. cook turkey
3. try sushi
4. Is this your first time to take an online class?

Practice 2

A: Is this your first time to visit Busan?
B: 네 그래요.
A: How do you like this city?
B: 정말 좋아요. 수산 시장도 좋고, 바다도 좋아요!
A: 어디서 오셨어요?
B: 브라질에서 왔어요.

Chapter 11

Practice 1

You can ~

1. use my phone
2. finish the pizza
3. kiss me if you want
4. You can leave when you're done.

I'm afraid ~

1. you're wrong
2. my parents will be home soon
3. my phone's dead
4. I'm afraid our flight's been cancelled.

Practice 2

A: 한국에 얼마 동안 있을 거야?
B: 2주. 7월 25일부터 8월 9일까지.
A: 안 됐다. I'm afraid I can't meet you while you're here.
B: 왜?
A: 연례 학회 때문에 도쿄에 가.
B: 저런. 너희 집에 얼마 동안 있을 줄 알았는데.
A: You can do that. 에어비엔비처럼 하면 되지.

Chapter 12

Practice 1

Let's ~

1. sleep in tomorrow
2. not tell her the bad news
3. Let's hit the road
4. Let's watch a movie this weekend.

I'll let you know ~

1. how to use the app
2. the book title
3. where to go
4. I'll let you know what medicine you should take.

Practice 2

(전화 통화)

A: 어디야?
B: 아직 여행 가방을 찾으려고 기다리고 있어
A: 계획이 변경됐어. Let's meet at the parking lot.
B: 주차장. 알았어.
A: 주차할 곳을 아직 찾고 있거든. I'll let you know where I'm parking.
B: 알았어. 이따 봐.

Chapter 13

Practice 1

You look ~

1. great today
2. ghastly
3. Brad Pitt
4. You look so beautiful in red.

What happened ~?

1. at the concert
2. in the room
3. right now
4. What happened on the road?

Practice 2

A: What happened to you? You look ghastly.

B: 너무 피곤해서. 비행기에서 한 숨도 못 잤어.

A: 왜?

B: 옆에 앉은 아기가 계속 울더라구.

A: 집에 가는 동안에 잠 좀 자.

B: 태워줘서 고마워.

Chapter 14

Practice 1

I'd love to ~

1. adopt a cat
2. be with you
3. move to a new house
4. I'd love to go for a drink.

I gotta ~

1. do laundry
2. wake him up
3. finish the book
4. I gotta get up early.

Practice 2

A: 내일 계획이 뭐야?

B: 남산을 갈까 해. 같이 갈래?

A: I'd love to go 하지만 I gotta visit my parents in Busan.

B: 남해에 가까운 도시 아니니?

A: 그래. 나하고 같이 갈래? 부모님께서 보고 싶어하실 거야.

B: 정말로? 가고 싶어.

Chapter 15

Practice 1

You'll love ~

1. my friends
2. his lectures
3. my mom's wedding gown
4. You'll love this book.

There's / There are ~

1. a brand-new pizza place around here
2. a fire station next to the pet shop
3. a huge supermarket about 200 meters ahead
4. There are only two hair salons in town.

Practice 2

A: 배고파.

B: 나도. 점심 뭐 먹고 싶어?

A: There's a nice pizza place in the mall.

B: 피자 좋지.

A: You'll love the Kimchi pizza. 내가 제일 좋아하는 거야.

B: 김치 피자라… 흥미로운 걸.

Chapter 16

Practice 1

That sounds ~

1. nice
2. absurd
3. a great plan
4. That sounds boring.

I'll never, ever ~

1. fall in love again
2. let you go
3. drink Soju again
4. I'll never, ever kiss the cobra.

Practice 2

A: 즐길 준비 됐어?

B: 그럼. 처음으로 탈 건 뭐야?

A: 울트라 트위스터. 한국에서 제일 긴 롤러 코스터야.

B: I'll never, ever ride the roller coaster. 무서운 건 안 타기로 동의했잖아.

A: 알았어. 쉬운 거부터 시작하면 어때? 범퍼카 같은 거?

B: That sounds much better.

Chapter 17

Practice 1

How long ~ ?

1. single
2. working here
3. in the military
4. How long have you been taking cooking lessons?

It may be ~

1. your backpack
2. just a minor headache
3. a raccoon
4. It may be a coincidence.

Practice 2

A: 다리에 그게 뭐야?
B: 어, 이거? It may be just a rash.
A: How long have you had that?
B: 남산에 하이킹 갔을 때부터.
A: 가려워?
B: 아니. 곧 없어질 거야. 걱정 안 해.

Chapter 18

Practice 1

I'm glad ~

1. I was not there
2. he went back to work
3. you got better
4. I'm glad you are happy.

How many ~ ?

1. books have you read
2. pens do you have
3. wine did you drink
4. How many people did you invite?

Practice 2

A: How many people are coming?
B: 몇 명 안 돼. 내 베프들이야.
A: 영어들 할 줄 알아?
B: 그런 애도 있고 아닌 애도 있고. 걱정마. 내가 통역해 줄테니까.
A: I'm glad I finally can hang out with some locals.
B: 오늘 밤 정말 좋은 시간을 보낼 거야.

Chapter 19

Practice 1

I'm sorry to ~

1. bother you
2. confuse you
3. let you down
4. I'm sorry to ask you again.

What a/an ~ !

1. shame
2. coincidence
3. waste
4. What a day!

Practice 2

A: 오늘이 네가 런던으로 가기 전 마지막 날이네. 기분이 어때?
B: 떠나려니 슬퍼. 하지만 내 침대에서 잘 수 있어 기쁘지. 한국 매트리스는 너무 딱딱해.
A: 그나저나, I'm sorry to hear what happened with Jinsu.
B: 좋은 사람이 아니었어. 그 자식이 결혼한 줄 누가 알았겠니?
A: What a prick!
B: 화제를 바꾸자. 언제 날 보러 런던에 올 거야?

Chapter 20

Practice 1

I hope ~

1. my jacket is still on the bench
2. you can win the contest
3. he leaves me alone
4. I hope I can just relax at home tonight.

as soon as ~

1. as soon as you see the coffee shop
2. I come in
3. you find my dog
4. as soon as he's conscious

Practice 2

A: 보딩 시간이 언제야?
B: 2시 30분. 아직 시간 많아.
A: I hope you can get some sleep on the plane.
B: 옆에 우는 애가 없으면 좋겠어.
A: 자, 이제 끝이네. Text me as soon as you arrive in London.
B: 그럴게. 너무 보고 싶을 거야.

Chapter 21

Practice 1

I'm looking forward to ~

1. hearing from you
2. knowing you better
3. our next meeting
4. I'm looking forward to starting a new life.

Call me ~

1. mom
2. General Kim
3. Julie
4. Call me honey.

Practice 2

A: 만나서 반가워요, 미스 배.
B: Just call me Janet.
A: 알았어요, 자넷. I'm looking forward to being in your team.
B: 저두요. 팀에 들어오셔서 너무 기뻐요. 도움이 필요하시면 알려 주세요.
A: 사무실 카드 키를 어디서 받나요?
B: 인사과 재희씨가 카드를 조금 있다 줄 거에요.

Chapter 22

Practice 1

I like your ~

1. suit
2. tie
3. sandwich
4. I like your coffee.

Isn't it too ~ ?

1. sad
2. short
3. obvious
4. Isn't it too dark?

Practice 2

A: 내 양복 어때요?
B: 음. Isn't it too much?
A: 무슨 말이에요?
B: 너무 색이 밝아요.
A: 한국 사람들은 밝은 색을 좋아하는 줄 알았어요.
B: 그렇지만 노란색 양복은 좀 그렇죠. 하지만 I like your shoes.
A: 고마워요. 사실 이건 우리 동생 거에요.

Chapter 23

Practice 1

Do you want to ~ ?

1. change the password
2. play chess
3. go swimming
4. Do you want to meet Dr. Keane?

Enjoy your ~

1. evening
2. meal
3. book
4. Enjoy your vacation.

Practice 2

A: 오늘 점심은 뭐에요?
B: 중국 음식이 어떨까 해요. Do you want to join us?
A: 전 괜찮아요. 점심 싸왔어요. 샐러드요.
B: 샐러드요? 그걸로 충분해요?
A: 물론 아니죠. 다이어트 중이거든요.
B: 알았어요. Enjoy your salad.

Chapter 24

Practice 1

Would you like to ~ ?

1. make a reservation
2. check in
3. change your seat
4. Would you like to have another drink?

must have p.p ~

1. She, been tired
2. They, been confused
3. I, forgotten
4. You must have heard about her.

Practice 2

A: 여보세요. 심슨 씨와 통화할 수 있을까요?
B: You must have called the wrong number. 그런 이름 있는 사람 없어요.
A: K&T 게임즈 아닌가요? 새로 오신 디렉터님과 통화하려고 하는데요.
B: 코디씨 말씀이시군요.
A: 네, 코디씨요. 이름이 헷갈렸군요.
B: 오늘 출근 안 하셨어요. Would you like to call him on his cell phone?
A: 괜찮아요. 내일 전화 할게요

Chapter 25

Practice 1

I promise I will ~

1. finish it by next Monday
2. take my time for Jerry
3. clean my room
4. I promise I will never read your journal.

Make sure to ~

1. wash your hands
2. wear rubber gloves
3. silence your phone
4. Make sure to drink enough water.

Practice 2

A: 칼, 뭐 좀 도와 줄 수 있어?

B: 들어보고. 무슨 일이야?

A: 내일 내 타임을 맡아줄 수 있어? 엄마를 병원에 데려가야 해서.

B: 내일은 내가 유일하게 쉬는 날이잖아.

A: 제발 부탁해. I promise I will take your weekend shifts next month.

B: 좋아! Make sure to tell Tara I'm working tomorrow.

Chapter 26

Practice 1

I believe ~

1. we will meet again
2. she's up to something
3. he will make it
4. I believe you will not disappoint us.

What if ~ ?

1. I make a huge mistake
2. he left the office already
3. we miss the flight
4. What if there is no water at the campsite?

Practice 2

A: 미스터 박이 새 CFO 자리에 제격인 것 같아요.

B: What if he doesn't want to move to Seoul?

A: 무슨 말이에요?

B: 지금 있는 곳에서 행복해 한다구요.

A: I believe he'll take the position.

B: 다음에 그 사람과 이야기할 때 물어 보세요.

Chapter 27

Practice 1

It's hard to ~

1. translate Russian
2. read what you wrote
3. study Chinese
4. It's hard to find a bike shop.

Just because A doesn't mean B

1. I don't need any clothes
2. you can stay home all day
3. I can surf
4. you're my older brother

Practice 2

A: 린다, 이 건물은 뭐에요?

B: 글쎄요, it's hard to tell. 사진이 너무 흐려서요. 누가 찍었어요?

A: 우리 아버지가 20년 전에 찍었어요. 한국에서 제일 유명한 절 중에 하나라고 하셨죠. 당신이 아시나 해서요.

B: Just because I'm a Korean doesn't mean that I know every-thing about Korean temples. 게다가 전 카톨릭 신자라구요.

Chapter 28

Practice 1

I should have p.p. ~

1. sold the stock
2. bought the vintage car
3. trusted his friend
4. I shouldn't have had a nose job.

I'm the one who ~

1. switched the keys
2. moved your jacket
3. wrote the song
4. I'm not the one who left the door wide open.

Practice 2

A: 당신 중 한 명이 200명의 최고 고객의 명단을 유출했어요.

B: 그렇게 보지 마세요. I'm not the one who did it.

A: 그럼 누가 그랬단 말인가요?

C: 미안해요. 제가 그랬어요. 제가 명단을 빙햄씨에게 메일로 보냈어요.

A: 빙햄씨요? P&T 미디어 디렉터 말인가요?

C: 다 제 잘못이에요. I should have checked the recipient's name.

Chapter 29

Practice 1

I'm going to ~

1. take a subway
2. shave your beard
3. call her back
4. I'm not going to drink the weird juice.

I tried to ~

1. hold back my tears
2. tell you the truth
3. understand you
4. I tried to start my car.

Practice 2

A: 린다, 어디야? 다들 회의실에서 기다리고 있어.

B: 왜 전화를 안 받으셨어요? I tried to call you so many times.

A: 사무실에 핸드폰을 놓고 왔어. 어디야?

B: 버스에요. 너무 막혀요.

A: 언제 여기 오는 거야?

B: 모르겠어요. I'm going to get off the bus now. 뛰어 가는 게 좋겠어요.

Chapter 30

Practice 1

Thank you for ~

1. your understanding
2. your forgiveness
3. dropping by
4. Thank you for joining us.

I'm happy to ~

1. meet your sister
2. celebrate your birthday
3. be your business partner
4. I'm so happy to work with you.

Practice 2

A: 이제 가는 거에요?

B: 네. Thank you for everything. 지금까지 함께 일한 팀장님 중 최고셨어요.

A: 잘 참고 일해 줘서 고마워요. I'm so happy to be your friend.

B: 가야 했어요. 택시가 기다리고 있어요.

A: 연락하고 지내요. 서울에 다시 오면 알려 주세요.

B: 그럴게요.

Chapter 31

Practice 1

I'm a ~ person

1. wine
2. baby
3. hat
4. I'm a sea person.

be about to ~

1. begin without you
2. watch the movie
3. head out
4. I was about to go to bed.

Practice 2

A: 재미있어요?

B: 좀 지루하네요. We're about to head home.

A: 더 있지 그래요? 재즈 밴드가 곧 있으면 연주를 할텐데.

B: 늦어서요. 또, I'm not a jazz person.

A: 어떤 음악을 좋아하세요?

B: 락앤롤이요. 그리고 일렉트로닉도 좋아요.

Chapter 32

Practice 1

I've heard so much about ~

1. you guys
2. the brand
3. the movie
4. I've heard so much about your new book.

I've got things to ~

1. add to the list
2. prove
3. lose
4. I've got nothing to say.

Practice 2

A: 안녕하세요? 린다씨인가요?

B: 네. 폴 맞아요?

A: 반가워요. I've heard so much about you.

B: 저도요. 잠시 실례해도 될까요? 전화를 잠깐 해야 해서요.

A: 그러세요.

B: 잠시만요. I've got things to take care of at work.

Chapter 33

Practice 1

What do you say to ~ ?

1. a cup of tea
2. BBQ chicken
3. pizza
4. What do you say to adopting a cat?

Not ~

1. iced latte
2. in February
3. that way
4. Not last year.

Practice 2

A: Games of Players 마지막 회 봤어?

B: Not yet. 넌?

A: 나도 안 봤어. 같이 볼래?

B: 그래. 언제?

A: What do you say to 7 pm tomorrow? 피자를 시켜 먹어도 되지.

B: 좋아. 내가 뭐 가지고 갈까?

Chapter 34

Practice 1

This is what 주어 + 동사 ~

1. I need
2. I thought
3. I expected
4. This is what I ordered.

You don't need to ~

1. explain yourself
2. mail your report card
3. wait for me
4. You don't need to pay for it.

Practice 2

A: 생일 축하해, 린다.

B: 이게 뭐야?

A: 열어 봐. 네가 좋아했으면 좋겠다.

B: 어, 목걸이네. This is what I really wanted to buy.

A: 해 봐. 한번 보자.

B: 정말 예쁘다. You didn't need to get me anything. 고마워.

Chapter 35

Practice 1

I'm so crazy about ~

1. this song
2. the food
3. playing tennis
4. I'm so crazy about my girlfriend.

I don't know 의문사 to

1. sell at the flea market
2. what to talk about
3. do it
4. put the chair together

Practice 2

A: 우리가 처음 만난 뒤로 거의 한 달이 되었네.

B: 그래? 시간 빨리 가네.

A: 이런 말 하는 게 너무 이르긴 하지만 널 사랑하는 것 같아.

B: 나도 생각을 좀 해 봤는데. 음, I don't know how to express my feelings.

A: 린다, I'm so crazy about you. 네가 계속 생각이 나.

B: 나도 네가 정말 좋아. 하지만 사랑은 아니야.

Chapter 36

Practice 1

be worried about ~

1. your store
2. my uncle
3. my grades
4. I'm worried about the interview.

How come ~ ?

1. you never take off the ring
2. you never introduce me to your friends
3. you always wear the same jacket
4. How come you know her number?

Practice 2

A: 안녕, 자기.

B: 어디야? How come you never called me?

A: 나 술집이야. 남자들끼리 노는 날이라고 했잖아.

B: I was worried about you. 폭풍이 더 심해지는데 당신은 전화도 안 받고…

A: 걱정 마, 자기. 나 괜찮아.

B: 언제 집에 오는 거야?

A: 곧 갈게. 여기 나가면서 전화할게.

Chapter 37

Practice 1

Tell me ~

1. where we're going
2. who you met last night
3. what I should do
4. Tell me what you're seeing.

I'm done with ~

1. the guy
2. the bartender
3. smoking
4. I'm done with the exam.

Practice 2

(전화 통화)

A: Tell me where you're going.

B: 뭐라고? 나 오늘 밤 야근한다고 했잖아.

A: 네 옆에 있는 여자는 누구야? 네 거짓말 정말 지겹다.

B: 무슨 말이야?

A: 그 여자하고 같이 있는 거 다 보고 있어. I'm done with you!

B: 설명할게! 끊지 마.

Chapter 38

Practice 1

I can't wait to ~

1. read your new novel
2. go on vacation
3. be in your arms
4. I can't wait to have my own house.

Don't you dare ~

1. read my journal
2. mess with me
3. meet my sister
4. Don't you dare laugh at me.

Practice 2

A: 정말 보고 싶을 거야.

B: 나도. I can't wait to hold you again.

A: 3개월은 금방 지나 갈 거야.

B: 그랬으면 좋겠어.

A: Don't you dare break up with me.

B: 너를 향한 나의 사랑은 결코 변하지 않을 거야.

Chapter 39

Practice 1

Why don't we ~ ?

1. move to the next chapter
2. plant peppers and eggplants
3. share a hot chocolate
4. Why don't we go for a jog?

I'm getting tired of ~

1. everything
2. the school cafeteria
3. our long-distance relationship
4. I'm getting tired of reading the same thing.

Practice 2

A: Why don't we call John and Perry?

B: 다른 사람 초대하면 안 될까?

A: 존과 페리가 어때서?

B: I'm getting tired of meeting the same people.

A: 하지만 걔들이 내 절친이잖아.

B: 네 친구들이지 내 친구가 아니잖아. 인간관계를 넓히고 싶어서 그래.

Chapter 40

Practice 1

I've been ~ ing

1. reading your essay
2. studying all day
3. using this phone for 5 years
4. I've been seeing him since 2001.

I'm ready to ~

1. jump into the water
2. sell this house
3. get a new job.
4. I'm ready to talk.

Practice 2

A: 린다, I've been loving you since we first met.

B: 제이슨, 난…

A: 너에 대한 내 사랑은 조금도 변함이 없어.

B: 알아 하지만…

A: 린다 박. 당신을 너무 사랑해. 나와 결혼해 주겠어?

B: 무슨 말을 해야 할 지 모르겠어요… I'm not ready to get married yet.

<번외편>

Chapter 41

Practice 1

Do you mind ~?

1. turning the volume down
2. stepping back, please
3. moving your chair
4. Do you mind not taking photos?

Don't you see -?

1. my name on the bag
2. the fly in my soup
3. I'm studying
4. Don't you see we're trying to help you?

Practice 2

A: 실례합니다. Do you mind turning the light off?

B: 미안해요. 중요하게 할 일이 있어서요.

A: Don't you see everyone's sleeping now?

B: 정말 죄송해요. 다 하면 끌게요.

A: 화장실 옆 좌석으로 가면 어때요? 비어 있어요.

B: 아, 그렇게 할게요.

Chapter 42

Practice 1

Would you ~?

1. give me a wake-up call tomorrow
2. help me with this
3. show me how to use the coffee machine
4. Would you please stop following me?

I'm - ing

1. going to the hockey game with my friends
2. studying for the test
3. having dinner with my client
4. I'm working out at the gym.

Practice 2

A: 방문 목적이 무엇인가요?

B: Would you say that again?

A: 시애틀을 방문하는 이유가 뭐예요?

B: 관광이요.

A: 시애틀은 언제 떠나나요?

B: I'm leaving on August 10th.

Chapter 43

Practice 1

I'd like ~

1. a large iced coffee
2. the aisle seat
3. a tall latte
4. I'd like the red one.

What do you ~?

1. eat
2. draw
3. read
4. What do you watch on TV?

Practice 2

A: 주문하시겠어요?

B: 음식이 많네요. What do you recommend to a seafood lover?

A: 씨푸트 플래터가 아주 좋아요.

B: 그걸로 할게요.

A: 메뉴에서 사이드 선택 2개 하실 수 있어요.

B: I'd like French fries and baked sweet potatoes.

Chapter 44

Practice 1

Can I ~

1. park here for a moment
2. speak to William
3. come in
4. Can I postpone our meeting to next week?

seems ~

1. better now
2. all right
3. to be sick
4. to be busy right now.

Practice 2

A: 필요한 거 있으세요?

B: 네. This seems to be cooked too much. 미디엄이라고 했는데 이건 거의 웰던이네요.

A: 다시 가지고 갈게요. 세프한테 말할게요.

B: 감사해요. Can I get some napkins?

A: 네. 리필도 해 드릴까요?

B: 네. 감사합니다.

Chapter 45

Practice 1

Do you have ~ ?

1. this in a 34
2. red wine
3. this in a large
4. Do you have this in different colors?

I'm just ~ing

1. checking in
2. doing my job
3. doing nothing
4. I'm just saying.

Practice 2

A: 다 되셨어요?

B: 네.

A: Do you have a Star Mall Membership Card?

B: 아니요.

A: 지금 하나 발급해 드릴까요?

B: 아니요. 괜찮아요. I'm just visiting here.

Chapter 46

Practice 1

Where's ~?

1. my hat
2. Gate 25
3. your car
4. Where's the nearest exit?

How much is/are ~?

1. the coffee
2. the bag
3. the painting
4. How much is it for two people?

Practice 2

A: How much is this polo shirt? 가격표가 안 보이네요.

B: 가격표는 셔츠 안 쪽에 있어요. 거기 있네요. $9.99입니다.

A: 좋아요! 살게요.

B: 더 필요한 건 없으세요?

A: Where's the ladies' room?

B: 1층에 있어요. 커피숍 바로 옆이에요.

Chapter 47

Practice 1

That's ~

1. nice
2. weird
3. awful
4. That's too expensive.

How about ~ ?

1. pizza
2. jogging in the morning
3. studying Chinese
4. How about donating 1 million won?

Practice 2

A: 두 장에 얼마에요?

B: 두 장에 120 달러 입니다.

A: That's too much. 현금 드려도 같은 가격인가요?

B: 현금으로 하시면 110 달러에 드릴게요.

A: How about $100?

B: 좋아요.

Chapter 48

Practice 1

Do you know + 의문사 + 주어 + 동사 ~ ?

1. where the exit is
2. when she'll be back
3. what we should bring to the meeting
4. Do you know who's in charge here?

I know ~

1. when the bus is coming
2. where we can buy the tickets
3. what she's reading
4. I know where he rented his car.

Practice 2

A: 실례합니다. Do you know where the nearest subway station is?

B: 음. 우체국 근처에 있긴 해요, 하지만 좀 멀어요.

A: 얼마나 먼가요?

B: 한 20분 거리에요. 버스 타는 게 좋아요. 버스 정류장은…

A: I know where the bus stop is. 하지만 전 지하철이 더 좋아요.

B: 여기서 20블록 가세요. 프린스 스테이션 표지판이 보일 거에요.

A: 감사합니다.

Chapter 49

Practice 1

Can you ~ ?

1. switch seats
2. give me a discount
3. pay me back soon
4. Can you keep it down, please?

I want you to ~

1. have an interview
2. meet my family
3. fix the shower
4. I want you to call your sister more often.

Practice 2

A: 똑바로 가는 거에요?
B: 링컨 센터라고 했죠?
A: 네. 구글 맵은 다른 길로 안내를 하네요.
B: 지름길로 가고 있어요.
A: Can you take 6th Avenue, not 5th?
B: 6번가는 막힐 거에요.
A: I want you to take 6th Avenue. 그게 더 빨라요.

Chapter 50

Practice 1

I wonder if ~

1. you received my email
2. you haven't changed your mind
3. you are available
4. I wonder if you can be here by 7.

~, please.

1. Window seat
2. Water
3. Two tickets for Batman at 1
4. An iced latte and a cappuccino, please.

Practice 2

A: Two adults, please.
B: MoMA 멤버쉽 카드 가지고 계신가요?
A: 아니요.
B: 40달러입니다. 같이 하시나요 아니면 따로 계산하시나요?
A: 같이 할게요. I wonder if I can use traveler's check.
B: 수표는 받지 않아요. 현금 아니면 카드만 됩니다.
A: 카드로 할 게요.

한국에서 외국인과 마주치다

2021년 3월 15일 초판 1쇄 발행

저　　자 | 라이언
펴 낸 이 | 서장혁
디 자 인 | 이가민
펴 낸 곳 | 토마토출판사
주　　소 | 서울특별시 마포구 양화로 161 7F 725호
T E L | 1544-5383
홈페이지 | www.tomato-books.com
등　　록 | 2012. 1. 11.

* 값은 커버에 표시되어 있음.